Andreas Lerg

eBay
Marktforschung

Methodische Marktanalyse als Grund-

lage zur Verkaufsoptimierung auf dem

größten Online-Marktplatz der Welt

1. Auflage 2006

www.lerg.de

Copyright:

© 2006 - Andreas Lerg
In den Weingärten 23
55276 Oppenheim
www.lerg.de

Idee & Text & Umsetzung:

Andreas Lerg

Gestaltung Inhalt & Cover:

Andreas Lerg

Druck:

www.lulu.com

ISBN:

978-1-84728-521-8

Inhalt

Vorwort

eBay begann als Flohmarkt, auf dem anfangs Sammler Dinge verkauften. Doch schnell wuchs eBay zum heute größten und umsatzstärksten Online-Marktplatz der Welt heran. Zahlreiche gewerbliche Händler nutzen eBay als Vertriebskanal und generieren große Umsätze. Um erfolgreich zu verkaufen, reicht lange schon nicht mehr das bloße Bauchgefühl aus, um zu erkennen, welche Waren Umsatz bringen. Konkrete Kenntnisse sind von Nöten.

eBay ist ein hochgradig transparenter Marktplatz, auf dem man alle möglichen Daten und Informationen ermitteln kann, um fundierte Aussagen über Erfolgsaussichten, Absatzchancen, Umsatzaussichten und viele andere Faktoren machen zu können. Einerseits kann man diese Informationen online „zu Fuß ersurfen", manuell erfassen und ebenso manuell auswerten. Doch dazu müsste man quasi täglich Angebote zunächst suchen und finden, dann über Ihre Laufzeit hinweg beobachten, die wichtigsten Eckdaten notieren und dann die gewünschten Ergebnisse selbst errechnen. Der nötige Zeit- und Arbeitsaufwand würde diese Methode ineffizient machen, vor allem wenn man viele verschiedene Produkte, Kategorien oder Marktnischen auswerten möchte.

Es geht auch deutlich einfacher! Und genau damit beschäftigt sich dieses Buch! Es gibt im Wesentlichen zwei ausgereifte und dennoch bezahlbare Tools zur statistisch-analytischen Auswertung des Marktgeschehens auf eBay. Zunächst wäre da die „eBay-Marktanalyse", die eBay im Rahmen seines Marktdatenprogrammes selbst anbietet. Dann gibt es noch Baywotch, eine Software, die ebenfalls der Analyse des eBay-Marktgeschehens dient. Dieses Praxisbuch zeigt, wie man durch Anwendung dieser Tools Antworten auf insgesamt 11 Fragestellungen ermitteln kann. Dabei wird vor allem mit der eBay-Marktanalyse gearbeitet, wobei an geeigneter Stelle aber auch Baywotch vorgestellt wird.

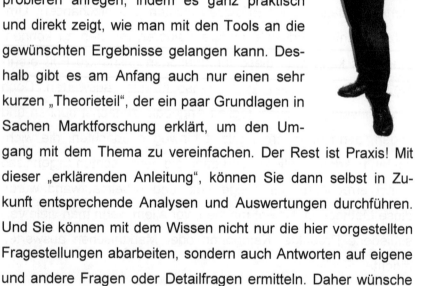

Dieses Buch soll zum Nachmachen und Ausprobieren anregen, indem es ganz praktisch und direkt zeigt, wie man mit den Tools an die gewünschten Ergebnisse gelangen kann. Deshalb gibt es am Anfang auch nur einen sehr kurzen „Theorieteil", der ein paar Grundlagen in Sachen Marktforschung erklärt, um den Umgang mit dem Thema zu vereinfachen. Der Rest ist Praxis! Mit dieser „erklärenden Anleitung", können Sie dann selbst in Zukunft entsprechende Analysen und Auswertungen durchführen. Und Sie können mit dem Wissen nicht nur die hier vorgestellten Fragestellungen abarbeiten, sondern auch Antworten auf eigene und andere Fragen oder Detailfragen ermitteln. Daher wünsche ich Ihnen jetzt viel Spaß beim Lesen und „nachmachen"!

Andreas Lerg

Teil 1: Methoden für die Marktforschung

Marktforschung ist, wie der Name schon sagt, durchaus ein Forschungszweig. Neben der betriebswirtschaftlichen Variante, bei der Marketingabteilungen von Unternehmen ans Werk gehen, gibt es auch den wissenschaftlichen Bereich, bei dem es eher um die Entwicklung von Methodik und Erforschung allgemeiner und spezieller wirtschaftlicher Mechanismen und Vorgänge geht, wenn ich das mal so „ins Blaue" formulieren darf. Egal in welcher Version man Marktforschung betreibt, die verschiedenen nutzbaren Methoden sind oft ähnlich oder identisch, lediglich die Ziele unterscheiden sich. Wir wollen uns hier ganz kurz einige Methoden anschauen. Dabei beschränken wir uns auf die Methoden, die für unsere Zwecke und Absichten nützlich und nutzbar sind. Eine wissenschaftliche Aufblähung dieses Kapitels möchte ich Ihnen und mir ersparen. Wir werden diese Methoden kurz bezüglich Ihrer allgemeinen Funktionalität beleuchten und dann hinsichtlich ihrer Anwendbarkeit auf eBay abklopfen.

Zahlen versus Inhalt

Mit dieser etwas abstrakten Überschrift lassen sich die Methoden sehr schön in zwei hauptsächliche „Ansätze" unterscheiden. „Zahlen" steht für statistische und mathematische Werte die gemessen, analysiert und berechnet werden können. Hier werden Verkaufszahlen analysiert, Durchschnittswerte gebildet, Zeitreihen betrachtet und andere statistische Auswertungen angestellt. Es wird quasi nach dem „Was" und „Wie viel" gefragt: „Was für ein Umsatz kann erzielt werden?" „Wie viel Stück lassen sich zu welchen Durchschnittspreisen pro Monat verkaufen?".

„Inhalt" steht für qualifizierte inhaltliche, und damit im Vergleich zum „Zahlenwerk" abstrakte Auswertungen. Es werden Meinungsumfragen und Kundenbefragungen durchgeführt. Es werden Trends analysiert und es werden Recherchen angestellt. Hier wird also nach dem „Wieso,", Weshalb" und „Warum" gefragt: „Warum kaufen die Kunden in dieser Saison lieber rote T-Shirts?" „Wieso sind die Absatzzahlen nach dem anfänglichen Boom plötzlich so stark eingebrochen?"

Anwendbarkeit auf eBay

Bei „Zahlen" werden zähl- und messbare Größen erfasst und statistisch ausgewertet. Für solche statistische Auswertungen werden in der Regel Computer und spezielle Software benutzt. Es sind zum einen Zahlen, die sich beispielsweise aus der Buchhaltung, dem Warenwirtschaftssystem oder anderen vorhandenen Systemen auslesen lassen. Es sind andererseits Zahlen, die leicht erfasst werden können, beispielsweise mit entsprechender Software aus den vorhandenen eBay-Datenbeständen. Daher eignet sich die „zählende Analyse" sehr gut für die Anwendung auf eBay. Die Daten sind schließlich auf der Webseite vorhanden und müssen nur mit Tools ausgelesen und analysiert werden. Wie im Vorwort erwähnt, gibt es für den eBay-Marktplatz gute und bezahlbare Tools, sodass wir eBay mathematisch sehr umfangreich und detailtief durchleuchten und analysieren können.

Bei „Inhalt" werden kaum Zahlen betrachtet, sondern meist Aussagen. Entweder sind das Aussagen in „Medien", also beispielsweise Texte auf Webseiten, wie die Beschreibung eines eBay-Angebotes. Oder es sind Aussagen von Personen, die etwa auf Fragen der Marktforschung antworten. Fragen wie: „Was war für Sie der wichtigste Grund, sich für den Kauf dieses Produktes zu entscheiden?" Egal ob Angebotsbeschreibung oder Personenbefragung, hier müssen inhaltliche Kriterien und Meinungen „lesend" erfasst, ausgewertet und interpretiert werden. Wo die Statistik Absatzzahlen, Erfolgsquoten, prognostizierte Umsätze und ähnliche Kenngrößen liefert, dient die Ermittlung inhaltlicher Fragen der Suche nach Trends, Kaufmotivationen, Vorlieben und auch Emotionen.

Damit eignet sich die inhaltliche Marktforschung kaum für eBay. Zugegeben: Angebotstexte kann man lesen und dann interpretieren. Aber das bringt sehr viel Arbeit mit sich und die kostet Zeit, die man kaum hat. Die Befragung der Kunden ist beinahe unmöglich. Sicher könnte man Käufern per E-Mail einen Fragebogen schicken, aber wie viele Kunden würden sich die Mühe machen, diesen zu beantworten?! Man müsste irgendwelche „Belohnungen" wie Teilnahme an Preisausschreiben oder ähnliches bieten, um wenigstens ein paar Rückläufe zu generieren. Und dann muss man die Fragebögen ja auch alle lesen und auswerten. Es gibt keine Software, die einem das Lesen von Webseiten oder Fragebögen abnimmt und den Inhalt „mundgerecht" interpretiert aufbereitet.

Mit wachen Augen Trends erkennen

Die einzige Möglichkeit wäre, einfach im Internet zu recherchieren, ob es zu bestimmten Dingen und Themen vielleicht bereits Material gibt. Und man sollte auch den Alltag und die eigene Umgebung nicht außer Acht lassen! Vor allem wenn es darum geht, Trends zu ermitteln, um diese dann mit Ware bedienen zu können, ist die Recherche im Internet und im eigenen Umfeld das Mittel der Wahl. Gehen Sie mit offenen Augen durchs Leben! Manchen Trend erkennen Sie so vielleicht im Vorübergehen! Einfach weil z.B. plötzlich immer mehr Leute ein bestimmtes Kleidungsstück tragen, weil Kinder massiv bestimmte Konsumwünsche haben, oder auf einmal immer mehr Leute über die neueste Trendsportart sprechen. Haben Sie sich vor einiger Zeit gewundert, dass immer mehr Ihrer Bekannten mit Stöcken bewaffnet strammen Schrittes durch die Gegend marschierten? Nordic Walking wurde von einer Nischensportart zum absoluten Trendsport. Bei Trends ist es zudem wichtig, diese vorauszuahnen, um rechtzeitig mit der entsprechenden Ware am Markt zu sein. Wenn der Trend bereits voll etabliert ist, wenn er sich sogar in statistischen Analysen in Zahlen messen lässt, ist es oft schon zu spät. Die Produkte werden im Einkauf teurer und andere Händler haben den Markt bereits fest im Griff.

eBay ist ein hochtransparenter Marktplatz

Für die Marktforschung bietet eBay uns einen gewaltigen Vorteil: Der größte Online-Marktplatz der Welt ist, wie schon mehrfach erwähnt, hochgradig transparent. Alle laufenden Angebote lassen sich auswerten. Beendete Angebote sind noch 90 Tage lang detailliert nachvollziehbar vorhanden. In keinem Ladengeschäft könnten wir dem Besitzer so einfach in die Auslage und sogar in die Kasse schauen, wie dies bei eBay möglich ist!

Bei den laufenden Auktionen und Angeboten sehen Sie problemlos, wo die Gebotsumme gerade steht und wie viele Bieter „dran" sind. Wurde das Angebot verkauft, kann man noch bis zu 90 Tage nach dem Ende sehen, für welchen Betrag der Artikel letztendlich verkauft wurde. Mit Analysetools können Sie den Verkauf und das Ende aller Angebote speichern und statistisch auswerten. Das können Sie auch gezielt für einen Verkäufer machen, um dessen Verkäufe und damit seinen Erfolg auszuwerten. Zeitreihenanalysen und andere statistische Methoden zeigen, wie sich der Preis für bestimmte Artikel im Laufe der Zeit entwickelt hat. Sie sehen, ob der Preis steigt oder fällt. Genauso können Sie herausbekommen, ob im Verlauf der Zeit mehr oder weniger von einem bestimmten Artikel verkauft wurde, ob es saisonale Schwankungen gibt, wie sich recherchierte Trends in den tatsächlichen Verkaufszahlen niederschlagen. Sie sehen, die Möglichkeiten sind immens.

Blicken Sie auch über den Tellerrand

Es ist aber auch wichtig, über den eBay-Tellerrand hinauszublicken! Glaubt man der Werbung „Ich bin doch nicht blöd" (Media Markt) oder „Geiz ist geil" (Saturn), dann bekommt man Dinge nirgendwo anders billiger. Doch die Discounter, die am lautesten schreien, sind nicht immer die billigsten. Und wenn es um Service geht, oft auch nicht die besten. Man findet immer einen Fachhändler oder Anbieter, der einen Artikel günstiger anbieten kann oder der einen viel besseren Service bietet. Auch eBay muss nicht das Maß aller Dinge sein. Bücher, CDs und DVDs bekommt man auch sehr günstig auf Amazon. Preissuchmaschinen wie www.guenstiger.de helfen, den billigsten Festpreis verschiedenster Waren im WWW zu finden.

Schauen wir uns einmal einige Recherche- und Informationsquellen außerhalb von eBay an. Als Beispiel einige andere Handelsplattformen, Preisvergleichsseiten und Test-Communities. Fangen wir mit anderen Handelsplattformen an.

Allgemeine Marktplätze wie www.amazon.de

Amazon boomte schon vor eBay und war und ist die Plattform für Leseratten, Musikliebhaber und DVD-Fans. Was als reiner Buchmarkt im WWW begann, wuchs bald zum Multimedia-Markt. Mittlerweile können Sie vielfältige Waren auf Amazon kaufen; aber eben auch verkaufen. Es kann sich also lohnen, auch diese Plattform als Vertriebskanal einzuplanen und in die Recherche einzubeziehen. Und natürlich gibt es zahlreiche weitere Online-Shops und Marktplätze, die man in der Recherche berücksichtigen sollte. Manche bieten ein breites Produktspektrum, während sich andere auf bestimmte Marktbereiche spezialisieren. Hier nur einige Beispiele, denn es gibt so viele Shopping-Seiten, dass man nie eine auch nur annähernd vollständige Auflistung zeigen könnte:

Allgemeine Marktplätze

www.amazon.de

www.digitalo.de

www.buyandbehappy.de

www.discount24.de

www.yagma.com

www.technikdirekt.de

Thematisch begrenzte Marktplätze

www.cd-wow.de

www.weltbild.de

www.buch24.de

www.fressnapf.de

www.zooplus.de

Plattformen für sehr Spezielles wie „www.autoscout24.de"

Dann gibt es natürlich auch einige sehr leistungsfähige „Spezial-Marktplätze" wie beispielsweise „www.autoscout24.de" mit einem Angebot rund um PKW, Motorrad, Nutzfahrzeuge und das ganze drum herum. Solche spezialisierten Online-Plattformen sind nicht selten deutlich „leistungsstärker" als die entsprechende Kategorie bei eBay! Durch die Spezialisierung treffen Sie hier auf ein fachlich versiertes und interessiertes Publikum und damit auf eine sehr fokussierte Kundschaft. So können diese Plattformen für die entsprechenden Artikel deutlich höhere Absatzchancen und deutlich höhere Erlöse ermöglichen. Zudem sind sie mit speziellen Funktionen und Diensten ausgestattet, die für die Ware, wie hier Fahrzeuge, maßgeschneidert sind. Man findet Musterverträge, Funktionen zur Wertermittlung eines Fahrzeuges, Dienstleister die Gutachten erstellen und vieles mehr. Allerdings hat jede Plattform auch eigene Funktionen und Bedingungen, die Sie als Händler dann auch wieder kennen und berücksichtigen müssen. Hier einige Beispiele für diese speziellen Seiten im WWW:

Automobile

www.autoscout24.de

www.auto.de

www.autoboerse.de

www.autobild.de

www.mobile.de (eBay-Tochterunternehmen)

www.webmobil24.de

www.webauto.de

Immobilien

www.immobilienscout24.de

www.immobilien.de

http://go.immopool.de

www.immonet.de

Reisen

www.expedia.de

www.travelchannel.de

www.opodo.de

www.nixwiweg.de

Preissuchmaschinen und Test-Communities

Bei diesen Seiten handelt es sich weniger um Einkaufsseiten auf denen man direkt shoppen kann, als viel mehr um „Hilfsdienste in Sachen Online-Shopping". Vor einigen Jahren kamen Preisagenturen in Mode. Das waren Dienstleister, die für Sie den billigsten Preis einer Ware ermittelten und dann beim Kauf eine Provision einstrichen. Diese Funktion haben mittlerweile die Preisrecherche-Webseiten eingenommen. Die kassieren aber nicht bei Ihnen in Form einer Provision, sondern finanzieren sich meist über Werbung. Nehmen wir www.guenstiger.de als Beispiel. Sie geben einfach den Namen der Ware oder die Produktbezeichnung ein und Sie sehen sogleich, welcher Onlineshop der günstigste Anbieter ist. Gelistet werden nur die Shops, die an dem Vergleichsdienst auch teilnehmen und ihre Preise melden oder abfragen lassen. Theoretisch könnten Sie die Ware also anderswo noch billiger bekommen. Aber die Trefferquote, sprich, die gelieferten Preise, sind meist schon sehr gut. Die Seiten der Preissuchmaschinen verlinken in der Regel auch immer auf die Webseite des jeweiligen Anbieters.

Test-Communities sind grob mit den Preissuchmaschinen vergleichbar. Jedoch tauschen hier Nutzer Erfahrungsberichte und Bewertungen über gekaufte Artikel miteinander aus. Sie lesen, was Nutzer von der Ware halten, oder wie diese hier getestet wurde und finden dann auch gleichzeitig Preisvergleiche und Einkaufsquellen. Nicht selten wird von den Testseiten zusätzlich auf eBay und andere große Marktplätze verlinkt. Auch diese Seiten dürfen in einer Recherche nicht fehlen. Vor allem wenn ein Produkt hier sehr häufig negativ bewertet und getestet wird, kann das durchaus schlechte Wirkung auf die Verkaufschancen haben, denn viele Online-Shopper informieren sich auf diesen Portalseiten. Hier einige Beispiele im Internet:

Preissuchmaschinen

www.guenstiger.de

www.froogle.de (Ein Service von www.google.de)

www.kelkoo.de

www.preissuchmaschine.de

www.preispiraten.de

www.preisauskunft.de

www.preisroboter.de

Test-Communities

www.dooyoo.de

www.ciao.de

Teil 2: Konkrete Fragestellungen mit eBay-Daten analysieren

Nach diesem theoretischen Exkurs wollen wir jetzt die konkreten Fragen stellen und mit der Analyse der innerhalb von eBay statistisch ermittelbaren Zahlen und Fakten beantworten. Die Fragen orientieren sich alle an der Absicht, Ware gewerblich zu verkaufen.

Marktforschung braucht Fragen!

Fragen wir uns, was wir als gewerbliche Verkäufer wollen! Ganz einfach: Wir wollen mit dem was wir tun – dem Verkauf von Waren, Produkten oder Dienstleistungen – Geld verdienen. Und das wollen wir möglichst erfolgreich tun. Aus dieser noch recht primitiven Prämisse ergeben sich für die statistische Marktforschung in Sachen eBay recht schnell zwei Grundfragen. Diese zwei grundsätzlichen Fragen, die wir im Anschluss in einen ausführlicheren Fragenkatalog aufsplitten wollen, könnte man mit zwei Worten charakterisieren: „Was" und „Wie". Die erste Grundfrage lautet:

1. „Was" lässt sich gut über eBay verkaufen?

Wenn man etwas gefunden hat, das sich gut über eBay verkaufen lässt, zieht das fast zwangsläufig die zweite Grundfrage nach sich, die da lautet:

2. „Wie" lässt sich Ware erfolgreich über eBay verkaufen?

Die beiden Grundfragen beinhalten natürlich eine Reihe von eBay-spezifischen Teilfragen. Und genau für diese Teilfragen wollen wir hier im Praxisteil die entsprechenden Antworten ermitteln. Die Beantwortung der Teilfragen – oder sagen wir besser „Detailfragen" – ergibt insgesamt die Antwort auf die beiden Grundfragen. Bevor wir auf die Jagd nach den Antworten auf diese Detailfragen gehen, hier eine kurze Auflistung der 11 Detailfragen:

Frage 1:	Welchen Durchschnittspreis erzielt ein Artikel?
Frage 2:	Wie sehen die Verkaufschancen für den Artikel aus?
Frage 3:	Wie erfolgreich verkauft meine Konkurrenz?
Frage 4:	Bringen die Zusatzoptionen mehr Umsatz?
Frage 5:	Gibt es einen Zusammenhang zwischen Preis und verkaufter Menge?
Frage 6:	Welchen Startpreis verträgt mein Artikel?
Frage 7:	Wie ist das Verhältnis von Angebot und Nachfrage?
Frage 8:	Kann man Saisoneffekte erkennen?
Frage 9:	Gegen welche Preise muss ich außerhalb von eBay antreten?
Frage 10:	In welche Kategorie passt meine Ware oder gibt es überhaupt eine passende Kategorie?
Frage 11:	Welcher Wochentag und welche Uhrzeit sind für das Auktionsende am günstigsten?

Diese elf Fragen sind die wesentlichen und wichtigen Fragen bezüglich der statistischen Marktforschung in Sachen eBay. Sie lassen sich mindestens einer, manchmal auch beiden eingangs aufgestellten Grundfragen zuordnen. Frage 1 „Welchen Durchschnittspreis erzielt ein Artikel" z.B. gibt eine recht direkte Antwort auf Grundfrage 1 „Was lässt sich gut über eBay verkaufen?" Liegt der Durchschnittspreis, den ein Artikel bei eBay erzielt, nicht so deutlich über den Einkaufspreis, dass unterm Strich noch genug übrig bleibt, dann lohnt sich der Verkauf des Artikels nicht. Natürlich lassen sich noch weitere Fragen stellen. Aber die nachfolgende praxisnahe Bearbeitung der genannten 11 wesentlichen Fragen wird Ihnen helfen, auch für die Beantwortung eigener Fragen entsprechende Methoden zu entwickeln und die vorgestellten Tools zu nutzen.

Die beiden Tools

Bevor es richtig losgeht, möchte ich Ihnen noch kurz die beiden Tools, die wir nachfolgend einsetzen wollen vorstellen. Die Funktionen lernen wir später kennen, hier nur kurz Quelle und Kosten der Tools.

eBay Marktanalyse

Im Herbst 2005 hat eBay sein Marktdatenprogramm gestartet. Damit wurden die Datenbestände der abgelaufenen Auktionen über die 90 Tage, in denen sie auf der Plattform gespeichert bleiben, für Auswertungszwecke zugänglich gemacht. Es kann also auch extern darauf zugegriffen werden. Gleichzeitig hat eBay mit dem Tool „Marktanalyse" eine eigene Auswertungs-Lösung etabliert. Es handelt sich dabei nicht um eine Software, sondern um eine Funktionalität, die man innerhalb von eBay abonniert und online nutzt. Es gibt drei Abo-Varianten. „Marktanalyse nach Bedarf" ist ein Kurzzeitabo für 2 Tage, das 1,95 € kostet. Damit hat man den Zugriff auf die Daten der deutschen eBay-Plattform über die letzten 60 Tage. Dann gibt es die „Marktanalyse" für 7,95 € pro Monat, die ebenfalls die deutsche Plattform über die letzten 60 Tage analysiert. Die große Variante „Marktanalyse Plus" bietet für 19,95 € den maximalen Beobachtungszeitraum von 90 Tagen und ermöglicht die Auswertung aller Länderplattformen von eBay. Zudem bietet sie auch eine Reihe von Zusatzfunktionen und detaillierteren Auswertungen an.

Marktanalyse

Übersicht

Willkommen
Marktanalyse
Turbo Lister
Verkaufsmanager-Serie
Verkaufsberichte
csv-Manager
Bildermanager
Verkäufertool-Suche
Externe Verkäufertools

Marktanalyse
Übersicht
Vergleichsübersicht
Anmelden

eBay-Marktanalyse: Vergleichsübersicht

■ Vergleich der verschiedenen Abonnementstufen

Optionen	Marktanalyse nach Bedarf	Marktanalyse	Marktanalyse Plus
Abonnementgebühr	EUR 1,95/2 Tage(einmalig)	EUR 7,95/Monat	EUR 19,95/Monat
Daten zu beendeten Angeboten	60 Tage	60 Tage	90 Tage
Gespeicherte Analysen	Maximal 10	Maximal 10	Maximal 100
Top-Suchbegriffe	✓	✓	✓
Top-Suchbegriffe aller weltweiten eBay-Marktplätze			✓

Statistische Werte für beendete Angebote	Marktanalyse nach Bedarf	Marktanalyse	Marktanalyse Plus
Durchschnittlicher Verkaufspreis	✓	✓	✓
Verkaufte Artikel: Preisspanne	✓	✓	✓
Startpreis: Preisspanne		✓	✓
Durchschnittlicher Sofort-Kaufen-Preis	✓	✓	✓
Sofort-Kaufen-Preis: Preisspanne	✓	✓	✓
Durchschnittliche Versandkosten		✓	✓
Zuletzt erzielter Verkaufspreis	✓	✓	✓
Erzielt am	✓	✓	✓
Anzahl der beendeten Angebote	✓	✓	✓
Anzahl der verkauften Artikel		✓	✓
Durchschnittliche Gebote / Artikel			✓

Statistische Werte für beendete Shop-Angebote	Marktanalyse nach Bedarf	Marktanalyse	Marktanalyse Plus
Durchschnittlicher Verkaufspreis	✓	✓	✓
Verkaufte Artikel: Preisspanne	✓	✓	✓
Durchschnittliche Versandkosten		✓	✓
Zuletzt erzielter Verkaufspreis	✓	✓	✓
Erzielt am	✓	✓	✓
Anzahl der Shop-Artikel	✓	✓	✓
Anzahl der verkauften Artikel		✓	✓

Statistische Werte für aktive Shop-Angebote	Marktanalyse nach Bedarf	Marktanalyse	Marktanalyse Plus
Anzahl aktiver Artikel	✓	✓	✓
Aktuelle Preise: Preisspanne	✓	✓	✓
Durchschnittliche Versandkosten		✓	✓

Diagramme	Marktanalyse nach Bedarf	Marktanalyse	Marktanalyse Plus
Trend : Durchschnittlicher Verkaufspreis	✓	✓	✓
Trend: Anzahl der verkauften Artikel		✓	✓
Trend: Markteffizienz	✓	✓	✓
Verteilung: Durchschnittlicher Verkaufspreis		✓	✓
Verteilung: Anzahl der verkauften Artikel		✓	✓

Zu diesen Zusatzfunktionen gehört unter anderem die Möglichkeit, gezielt die Angebote einzelner Verkäufer oder Shops auszuwerten und auch die Wirkung der Zusatzoptionen zu ermitteln. Eine Gegenüberstellung der drei Versionen finden Sie auf eBay unter: http://pages.ebay.de/marketplace_research/. Dort können

Sie das Tool auch abonnieren! Für dieses Buch kommt daher die Marktanalyse Plus zum Einsatz, also die „große Version", denn Sie liefert die meisten Ergebnisse.

Baywotch

Baywotch ist eine Software, mit der man den eBay Marktplatz analysieren kann. Die Software ist auf der gleichnamigen Webseite www.baywotch.de zu bekommen. Es gibt eine kostenlose aber funktionsbeschränkte Light-Version zum ausprobieren. Eine vom Funktionsumfang ebenfalls eingeschränkte Standard-Version kostet 24,95. Wer Baywotch intensiv nutzen will, sollte die 199,95 € für die mit allen Funktionen ausgestattete Professional-Version investieren, die wir hier für dieses Buch benutzt haben.

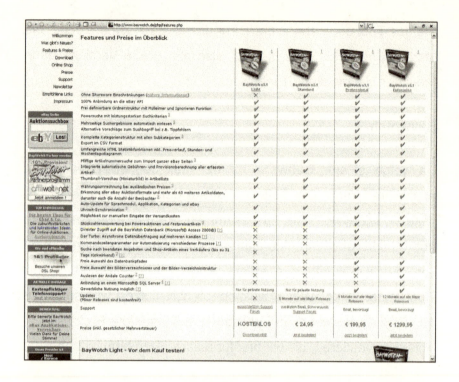

Baywotch wird von Elmar Denkmann programmiert und gepflegt. Derzeit ist mir kein Software-Produkt außerhalb von eBay bekannt, auch wenn es einige gibt, dass in Sachen Analyse einen vergleichbaren Funktionsumfang bietet.

Mit diesen beiden Tools, eBay Marktanalyse und Baywotch, werden die Analysen für die Antworten auf die 11 Fragen auf den nachfolgenden Seiten durchgeführt.

Frage 1: Welchen Durchschnittspreis erzielt ein Artikel?

Um kalkulieren zu können, ob sich der Verkauf eines Artikels lohnt, muss man den Durchschnittspreis ermitteln, den dieser Artikel beim Verkauf über eBay erbringen wird. Der Einkaufspreis muss soweit unter dem zu erwartenden Durchschnittspreis liegen, dass nach Abzug der Kosten ein Erlös übrig bleibt. Den Durchschnittspreis eines Artikels kann man bei eBay durch die hohe Transparenz des Marktplatzes sehr leicht ermitteln. Zum einen kann man Angebote regelmäßig beobachten und die Preise, zu denen die Angebote beendet werden, per Hand notieren. Das ist für grobe Beobachtungen von Marktnischen mit sehr kleiner Anzahl von Angeboten ein gangbarer Weg.

Sobald es aber ein Massenmarkt ist, auf dem viel Ware abgesetzt wird, empfiehlt es sich, statistische Methoden und Werkzeuge zu benutzen. Schauen wir uns an, wie man die Frage nach dem Durchschnittspreis mit der eBay-Marktanalyse Plus ermittelt. Wir gehen davon aus, dass Sie die abonniert haben. Als Beispiel-Produkt nehmen wir den Staubsauger „Dyson DC08 Animal Pro", ein mittel-hochpreisiges Produkt, dass eine Unverbindliche Preisempfehlung (UVP) von 499,- € hat (Stand April 2006).

Nach dem Einloggen bei eBay wechseln wir zu „Mein eBay", suchen links in der Navigation die Funktion „Marktanalyse" und aktivieren die Funktion durch anklicken.

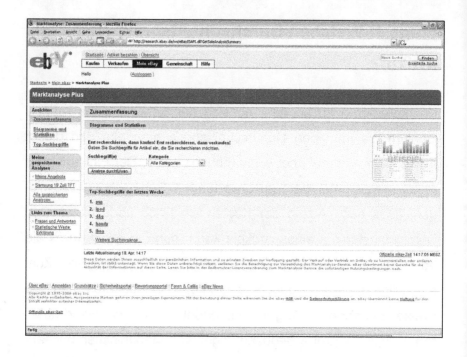

Sie sehen jetzt den Startbildschirm der eBay Marktanalyse. Links finden Sie eine Navigationsleiste mit den wesentlichen Funktionen. Geben Sie in der Mitte in dem Eingabefeld *„Suchbegriff(e)"* jetzt „Dyson DC 08 Animal Pro" als Suchbegriff ein. Jetzt werden alle beendeten Angebote, in denen diese Suchbegriffe vorkommen, gesucht und ausgewertet. Sie können hier schon direkt bei der Eingabe durch Auswahl einer Hauptkategorie die Suche etwas präzisieren. In unserem Beispiel wäre das die Kategorie *„Haushaltgeräte"*.

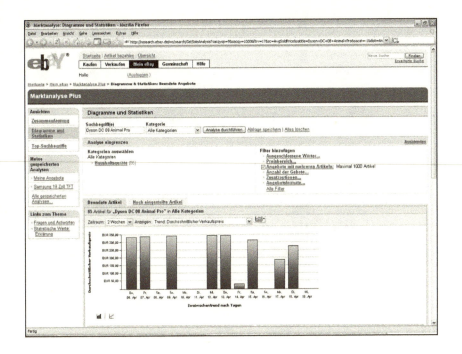

Sie sehen als Ergebnis den „Trend: Durchschnittlicher Verkaufs-preis", der als Balkengrafik für den Verlauf der letzten beiden Wochen angezeigt wird. Das ist der Zeitraum, der bei der Markt-analyse als Voreinstellung gewählt ist. Scrollen Sie nach unten.

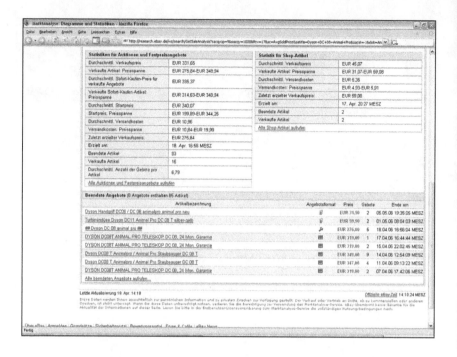

Unterhalb der Grafik sehen Sie auch eine tabellarische Darstellung der tatsächlichen Zahlen. Wie Sie sehen, wird dort „331,65 €" als durchschnittlicher Verkaufspreis angegeben. Das ist der durchschnittliche Verkaufspreis aller beendeten Angebote ohne Berücksichtigung des Angebotsformates. In der dritten Zeile wird der Durchschnittliche Verkaufspreis für die per Sofort-Kaufen beendeten Angebote ausgegeben. Wie Sie erkennen ist das geringfügig mehr, als der gesamte Durchschnittspreis.

TIPP: Der Durchschnittspreis ist wichtig!

Sie sehen hier bei „Verkaufte Artikel: Preisspanne" auch den maximal und minimal erreichten Preis. Natürlich bleibt für uns der stabile Durchschnittspreis wichtig, denn der Maximalpreis ist meist die Ausnahme, der Durchschnittspreis ist die Regel.

Rückschau bis zu 3 Monate

Dieses erste Ergebnis zeigt zwar bereits, dass der durchschnittliche Verkaufspreis deutlich unter dem UVP des Herstellers liegt (rund 330,- € statt 499,- €). Allerdings betrachtet diese Auswertung nur das Ergebnis der letzten 14 Tage, was nicht unbedingt repräsentativ ist. Und wie schaut man längerfristig zurück?

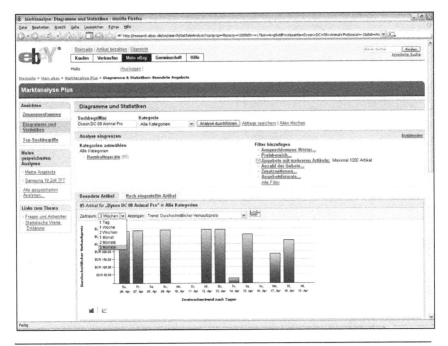

Links oberhalb der Balkengrafik sehen Sie ein kleines Dropdown-Menü neben „Zeitraum:". Hier können Sie folgende Einstellungen wählen: „1 Tag", „1 Woche" „2 Wochen", „1 Monat" „2 Monate" und „3 Monate". Wir entscheiden uns für „3 Monate", um die langfristige Entwicklung des Durchschnittspreises auswerten zu können.

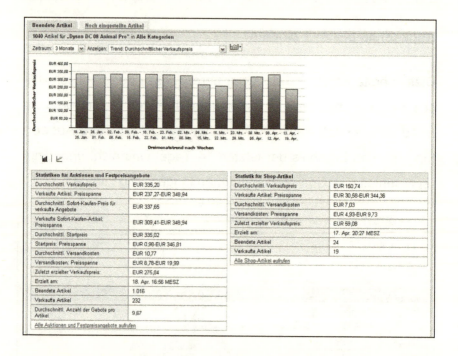

Antwort auf Frage 1: Wie Sie sehen, zeigt sich der Durchschnittspreis für dieses Produkt, von einer kleinen „Delle" abgesehen, als ziemlich stabil. Das der letzte Balken niedriger ist, liegt daran, dass das der momentan laufende und noch nicht ganz beendete Monat ist. Die realen Zahlen in der Tabelle unter der Grafik zeigen, dass der Durchschnittspreis um die 335,- € liegt.

TIPP: Kurvendarstellung statt Balken

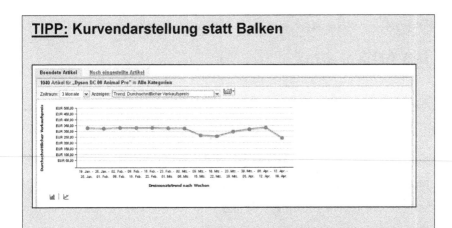

Da eine Darstellung als Kurven- oder Liniendiagramm einen Trend besser verdeutlicht, können Sie mit den beiden kleinen Symbolen links unter der Grafik zwischen Balken- und Linien- darstellung hin- und herwechseln.

Es gilt also nun, für dieses Produkt einen Großhändler zu finden, bei dem der Händlereinkaufspreis so deutlich unter diesen 335,- € liegt, dass ein vernünftiger Erlös übrig bleibt. Sie dürfen vom Verkaufspreis ja nicht nur den Händler-EK abziehen, sondern müssen weitere unternehmerische Kosten mit einkalkulieren (dazu später etwas mehr)!

Frage 2: Wie sehen die Verkaufschancen für den Artikel aus?

Um eine Antwort auf diese Frage zu bekommen, gilt es in erster Linie zu untersuchen, wie viele Artikel insgesamt auf eBay angeboten wurden und wie viele davon auch tatsächlich verkauft wurden. Zudem muss hier auch betrachtet werden, wie sich die Zahl der tatsächlich verkauften Artikel im Zeitverlauf entwickelt. Ein weiteres Indiz für die Verkaufschancen ist das Interesse, das Käufer dem Artikel entgegenbringen. Das lässt sich recht gut an der Anzahl der Gebote ablesen. Fangen wir aber zunächst mit den Verkaufszahlen an.

Anzahl der Angebote versus tatsächlicher Verkaufszahl

Um zu sehen, wie viele Artikel angeboten wurden und wie viele dann tatsächlich erfolgreich verkauft wurden, genügt in der eBay Marktanalyse ein Blick in die Tabelle unter der Grafik. Dort finden Sie einen Eintrag *„Beendete Artikel"*. Diese Zahl repräsentiert alle Angebote die bei eBay eingestellt waren und beendet wurden.

Statistiken für Auktionen und Festpreisangebote	
Durchschnittl. Verkaufspreis	EUR 335,20
Verkaufte Artikel: Preisspanne	EUR 237,27-EUR 348,94
Durchschnittl. Sofort-Kaufen-Preis für verkaufte Angebote	EUR 337,65
Verkaufte Sofort-Kaufen-Artikel: Preisspanne	EUR 309,41-EUR 348,94
Durchschnittl. Startpreis	EUR 335,02
Startpreis: Preisspanne	EUR 0,98-EUR 346,81
Durchechnittl. Versandkosten	EUR 10,77
Versandkosten: Preisspanne	EUR 6,78-EUR 19,99
Zuletzt erzielter Verkaufspreis:	EUR 275,84
Erzielt am:	16. Apr. 16:56 MESZ
Beendete Artikel	1.016
Verkaufte Artikel	232
Durchschnittl. Anzahl der Gebote pro Artikel	9,67
Alle Auktionen und Festpreisangebote aufrufen	

Statistik für Shop-Artikel	
Durchschnittl. Verkaufspreis	EUR 150,74
Verkaufte Artikel: Preisspanne	EUR 30,58-EUR 344,36
Durchschnittl. Versandkosten	EUR 7,03
Versandkosten: Preisspanne	EUR 4,93-EUR 9,73
Zuletzt erzielter Verkaufspreis:	EUR 59,08
Erzielt am:	17. Apr. 20:27 MESZ
Beendete Artikel	24
Verkaufte Artikel	19
Alle Shop-Artikel aufrufen	

Beendet bedeutet hier, dass sie nicht vorzeitig abgebrochen wurden. Sie waren also die volle Laufzeit online. Beendet bedeutet nicht, dass diese Artikel auch verkauft wurden. Diese Zahl steht eine Zeile tiefer bei „Verkaufte Artikel". Die Zahl gibt an, wie viele Artikel von den beendete tatsächlich verkauft wurden.

In unserem Beispiel stehen 1016 beendeten Artikeln also 232 tatsächlich verkaufte Artikel gegenüber. Rechnet man diese Zahl in Prozent um, ergibt sich eine Verkaufsquote von knapp 23 %! Das bedeutet, dass nicht einmal ein Viertel aller gestarteten Angebote tatsächlich verkauft wurde. Das klingt zunächst einmal alles andere als gut. Man darf aber nicht nur die „nackte" Zahl betrachten. Es wird ja ein eher hochpreisiger Artikel verkauft. Wenn bei einer Verkaufsquote von rund 23% die Verkaufsmarge groß genug ist – die Differenz zwischen Händler-EK und Verkaufspreis ist groß – kann sich der Verkauf dennoch lohnen. Zudem muss man auch bedenken, was hier für Ware verkauft wird. Staubsauger werden in einem Haushalt ja nur einmal für viele Jahre gekauft. Kleinpreisige Verbrauchsgüter, die in einem Haushalt in großen Mengen immer wieder benötigt werden, haben in der Regel deutlich höhere Verkaufsquoten.

Verkaufszahlen im Zeitverlauf

Wenden wir uns jetzt der Entwicklung dieser Verkaufsquote über einen längeren Zeitraum zu. Wir nutzen wieder den Beobachtungszeitraum von „3 Monaten". Nun klicken wir über der Grafik in dem Dropdown-Menü neben dem Wort „Anzeigen:" auf die Auswahl „Trend: Anzahl der verkauften Artikel".

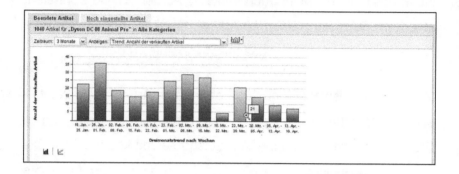

Die Grafik zeigt uns jetzt an, wie sich diese Zahl der tatsächlich verkauften Artikel über den Zeitraum der vergangenen drei Monate entwickelt hat. Wir sehen hier einen eher unruhigen Verlauf. In der Woche Ende Januar stieg die Zahl deutlich an, um in der nächsten Woche sofort wieder stark abzufallen. Einem langsamen Anstieg folgte Mitte März ein sehr starker Einbruch. Dieser Einbruch kann einerseits bedeuten, dass Kunden besonders selten zugeschlagen haben. Es kann natürlich auch bedeuten, dass Verkäufer in dieser Woche sehr wenig Ware am Markt hatten und dass der Grund für den geringeren Verkauf war.

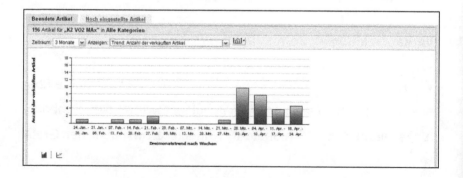

Diese Grafik würde bei saisonbehafteten Artikel beispielsweise am Ende der Saison einen Rückgang von vorher stabilen Verkaufszahlen zeigen. Die obige Beispielgrafik zeigt den Verlauf der tatsächlichen Verkaufszahl für Inlineskates der Marke K2, Modell VO2 Max. Wie Sie sehen, wurde im Januar und Februar keine oder fast keine Ware verkauft. Erst Ende März steigen die Verkaufszahlen an. Das Frühjahr nähert sich mit besserem Wetter und das wirkt sich auf den Verkauf solcher Sommer-Sportartikel aus. Hier kann man also deutlich einen Saison-Effekt sehen!

Der Kurvenverlauf zeigt natürlich nicht nur Saisoneffekte. Auch Trends lassen sich ablesen. Ein Artikel, der vor drei Monaten neu auf den Markt kam, wird am Anfang erst einmal sehr hohe Verkaufszahlen ausweisen. Gerade wenn es um „technische Spielsachen", wie die neuesten Handys, PDAs oder ähnliches geht, findet man meist Menschen, die immer sofort das neueste am Markt haben wollen. Sie kaufen sofort, ohne all zu sehr auf den Preis zu schauen. Im Marketing-Fachchinesisch nennt man diese Personen „Early Adaptor". Nach dem ersten Hype würde die Grafik dann zeigen, dass sich die Verkaufszahlen auf einem niedrigeren aber stabilen Niveau einpendeln. Und wenn der Artikel „außer Mode" kommt oder von einem neuen Modell abgelöst wird, dann werden die Zahlen weiter sinken und eines Tages vielleicht gegen Null tendieren.

Anzahl der Gebote

Wie bei der Erläuterung zu Frage 2 schon angedeutet, ist das Interesse, das Kunden an einem Artikel haben, recht gut an der Anzahl der Gebote abzulesen, die auf einen Artikel abgegeben werden. Das gilt natürlich nur für das Verkaufsformat der Auktion, denn auf reine Festpreis-Angebote kann der Interessent natürlich nicht bieten, sondern lediglich per Sofort-Kaufen „zuschlagen". Auch hier liefert die eBay-Marktanalyse die nötigen Daten. Werfen wir zunächst einen Blick in die Tabelle.

Statistiken für Auktionen und Festpreisangebote		Statistik für Shop-Artikel	
Durchschnittl. Verkaufspreis	EUR 335,20	Durchschnittl. Verkaufspreis	EUR 150,74
Verkaufte Artikel: Preisspanne	EUR 237,27-EUR 348,94	Verkaufte Artikel: Preisspanne	EUR 30,58-EUR 344,36
Durchschnittl. Sofort-Kaufen-Preis für verkaufte Angebote	EUR 337,65	Durchschnittl. Versandkosten	EUR 7,03
Verkaufte Sofort-Kaufen-Artikel: Preisspanne	EUR 309,41-EUR 348,94	Versandkosten: Preisspanne	EUR 4,93-EUR 9,73
Durchschnittl. Startpreis	EUR 335,02	Zuletzt erzielter Verkaufspreis:	EUR 59,08
Startpreis: Preisspanne	EUR 0,96-EUR 346,81	Erzielt am:	17. Apr. 20:27 MESZ
Durchschnittl. Versandkosten	EUR 10,77	Beendete Artikel	24
Versandkosten: Preisspanne	EUR 6,78-EUR 19,99	Verkaufte Artikel	19
Zuletzt erzielter Verkaufspreis:	EUR 275,84	Alle Shop-Artikel aufrufen	
Erzielt am:	18. Apr. 16:56 MESZ		
Beendete Artikel	1.016		
Verkaufte Artikel	232		
Durchschnittl. Anzahl der Gebote pro Artikel	9,67		
Alle Auktionen und Festpreisangebote aufrufen			

In der linken Spalte zeigt der unterste Eintrag die „Durchschnittliche Anzahl der Gebote pro Artikel" an. Für unseren Dyson Staubsauger können wir eine durchschnittliche Gebotszahl von 9,67, also knapp 10 Geboten ablesen. Auch hier können wir über die Grafik wieder ermitteln, ob sich an dieser Zahl etwas im Zeitverlauf geändert hat.

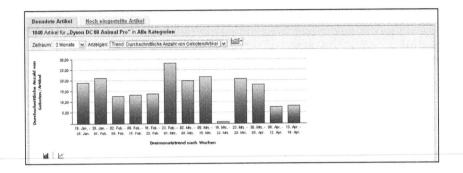

Wie wir sehen, zeigt der „*Trend: Durchschnittliche Anzahl von Geboten/Artikel*" einen unruhigen Verlauf. In der letzten Februarwoche beispielsweise, schoss die Zahl der durchschnittlichen Gebote geradezu in die Höhe, vor allem im Vergleich zur Vorwoche. Dafür brach sie Mitte März fast vollkommen zusammen. Das aber nur für eine Woche.

Antwort auf Frage 2: Wir haben ermittelt, dass etwas mehr als ein drittel der angebotenen Artikel tatsächlich auch verkauft werden. Man könnte das so auslegen, dass ein Artikel erst beim dritten Einstellen über eBay verkauft wird. Die Verkaufszahlen im Zeitverlauf zeigen, dass diese durchschnittliche Verkaufszahl nicht stabil ist, sondern teilweise deutlich und unregelmäßig schwankt. Die Anzahl der Gebote, die wir festgestellt haben, zeigt tendenziell ein ganz brauchbares Interesse an dem Produkt.

Dieses Interesse scheint aber ebenfalls zu schwanken, wenn man sich die Grafik der durchschnittlichen Gebotszahlen im Zeitverlauf betrachtet. Man könnte diese Ergebnisse nun so interpretieren, dass die Verkaufschancen zwar nicht spitzenmäßig oder

sehr gut, aber dennoch brauchbar sind. Wenn bei jedem verkauften Staubsauger eine hohe Marge erzielt wird, lohnt sich der
Verkauf auch unter diesen Voraussetzungen durchaus.

Frage 3: Wie erfolgreich verkauft meine Konkurrenz?

Wirklich alleine war nur Robinson Crusoe auf seiner Insel und der musste sich auch eines Tages mit der Gesellschaft von Freitag abfinden. Auf einem so riesigen Marktplatz wie eBay ist kein Verkäufer alleine und ist er es doch, dann nur für sehr kurze Zeit. Die einzige Chance, Monopolist auf eBay zu sein und zu bleiben hat man nur dann, wenn man selbst der Hersteller der Ware ist und diese dank Patent- und anderer Schutzrechte von keinem anderen nachgebaut werden darf. Man könnte versuchen, Exklusiv-Verträge mit einem Hersteller zu verhandeln, aber das ist sehr schwierig!

Konkurrenz ist immer da!

Mit anderen Worten: Als gewerblicher Verkäufer hat man es immer mit Konkurrenz zu tun. Ist man der erste mit einem neuen Produkt auf dem Marktplatz, dauert es selten lange, bis andere die gleiche Ware anbieten. Schauen Sie sich auf eBay einfach mal um, wie viele beliebte Markenartikel von unterschiedlichen Händlern angeboten werden! Sind andere vor uns auf dem Markt, verbietet uns niemand, die Ware ebenfalls ins Sortiment aufzunehmen. Da Konkurrenz bekanntlich das Geschäft belebt – und manchmal die Preise kaputt macht – ist es sehr wichtig, den Wettbewerb immer im Auge zu behalten.

Auch dabei hilft uns die eBay-Marktanalyse Plus! Zunächst machen wir eine Analyse wie zu Frage 1 und 2 erläutert, um die allgemeinen Marktdaten des gefragten Artikels zu bekommen. Wir notieren uns alle Ergebnisse.

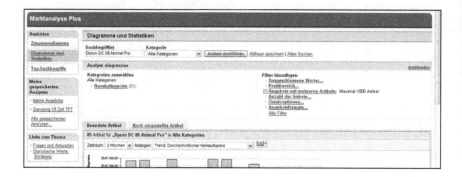

Mit Filtern auf die Jagd gehen

Nachdem wir die „allgemeine Analyse" des Artikels durchgeführt haben, benötigen wir jetzt die Filterfunktionen. Rechts oberhalb der Grafik sehen Sie eine Liste unter der Überschrift „*Filter hinzufügen*". Klicken Sie dort ganz unten auf „*Alle Filter*". Es öffnet sich eine Auswahl an Filtern.

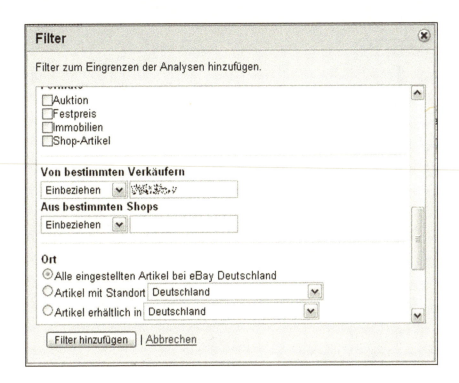

Scrollen Sie die Liste nach unten, bis Sie den Eintrag „Von bestimmten Verkäufern" finden. Dort tragen wir jetzt den eBay-Namen des Mitbewerbers ein, den wir scannen wollen. Vorne in dem Dropdown-Menü muss „Einbeziehen" stehen. Jetzt klicken wir auf den Button „Filter hinzufügen". Mit dieser Filtereinstellung erfolgt die Analyse für das Produkt „Dyson DC08 Animal Pro" jetzt nur noch für die Angebote, die eben dieser Konkurrent im Untersuchungszeitraum eingestellt hatte!

> **TIPP: Filter für ausländische Marktplätze**
>
> Bei den Filtern können Sie über „Artikel mit Standort" und „Artikel erhältlich in", auch die ausländischen eBay-Plattformen scannen!

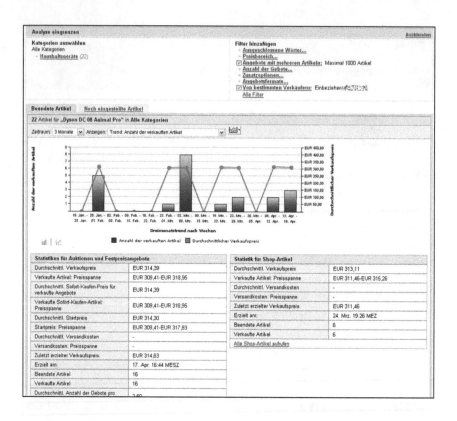

Ein Blick in die Tabelle verrät uns, dass dieser Konkurrent mit einem durchschnittlichen Verkaufspreis von 314,39 € deutlich unter dem gesamten durchschnittlichen Verkaufspreis von rund 335,- € liegt, den wir für den Artikel ermittelt haben. Die Tabelle zeigt uns auch, dass er 16 Artikel eingestellt und auch 16 davon verkauft hat. Dieser Wert ist sehr gut, denn er spiegelt einen 100% Verkaufserfolg wieder. Hätte er einen Artikel nicht verkauft und erneut eingestellt, wäre ja die Anzahl bei „Beendete Artikel" höher als bei „Verkaufte Artikel". Schauen wir uns einen anderen Verkäufer an.

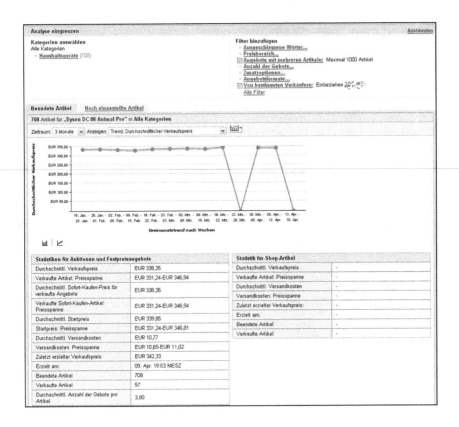

Nehmen wir uns wieder die Tabelle vor. Zunächst fällt auf, dass dieser Verkäufer mit einem durchschnittlichen Verkaufspreis von 338.35 € geringfügig besser abschließt, als der allgemeine Marktdurchschnitt von 335,- €. Doch wenn wir das Verhältnis der „Beendete Artikel" zu „Verkaufte Artikel" betrachten, sehen wir, dass er 708 Angebote gestartet hatte, von denen aber nur 57 erfolgreich verkauft wurden. Damit liegt seine Verkaufserfolgsquote bei 8 % und ist deutlich schlechter als die allgemeine Quote von rund 23%, die wir ermittelt hatten.

Bedenkt man, dass dieser Verkäufer für die 92 % erfolglosen Angebote mindestens die eBay-Startgebühr bezahlen muss, dann hat dieser Konkurrent die 8 % Verkaufserfolg recht teuer bezahlt. Und oft werden solche hochpreisigen Artikel noch mit Zusatzoptionen wie dem Galeriebild oder ähnlichem ausgestattet.

TIPP: Konkurrenzanalyse regelmäßig durchführen!

Die Analyse Ihrer Wettbewerber muss regelmäßig auf Ihrem Terminplan stehen. Sie müssen immer wissen welche Preise die anderen verlangen und welche Verkaufspreise sie tatsächlich realisieren. Wie viel Ware wird wie erfolgreich verkauft. Das „Konkurrenz-Monitoring" lässt Sie auch rechtzeitig erkennen, wenn ein anderer den Preiskampf aufnimmt und die Preise der Konkurrenten unterbietet. Steigen andere in diese „Schlacht" ein, können Sie bald sehen ob, und wann der Preis so kaputt ist, dass der Verkauf sich für eine gewisse Zeit nicht mehr lohnt.

Baywotch liefert noch mehr Details

Wie Sie sehen, gelingt mit der eBay Marktanalyse die Konkurrenz-Beobachtung schon sehr gut. Aber es gibt mit Baywotch ein weiteres Tool, mit dem man dem Wettbewerb noch etwas detaillierter „in den Laden" schauen kann. Baywotch unterscheidet sich von dem Marktdatenprogramm von eBay dadurch, dass Sie die Daten, die Suchläufe liefern, in einer lokalen Datenbank abspeichern müssen, um diese dann auswerten zu können. Wenn Sie

Baywotch also herunterladen und erstmals installieren, sind noch keine analysierbaren Daten vorhanden, die Datenbank füllt sich im Laufe der Zeit mit dem Gebrauch der Software. Schauen wir uns jetzt an, wie man mit Baywotch Konkurrenten scannt.

Klicken Sie zunächst mit der rechten Maustaste in der Ordner-leiste ganz links auf den Eintrag „Datenbank". Es erscheint ein Kontextmenü in dem Sie mit der Funktion „Neuen Ordner erstel-len" einen neuen Ordner für den zu beobachtenden Konkurren-ten anlegen. Geben Sie dem Ordner der Einfachheit halber den eBay-Namen des Wettbewerbers. In diesem Ordner werden alle gescannten Angebote dieses Wettbewerbers gespeichert. Kli-cken Sie einmal auf den Ordner um ihn zu markieren und die nachfolgenden Suchergebnisse in ihm zu speichern.

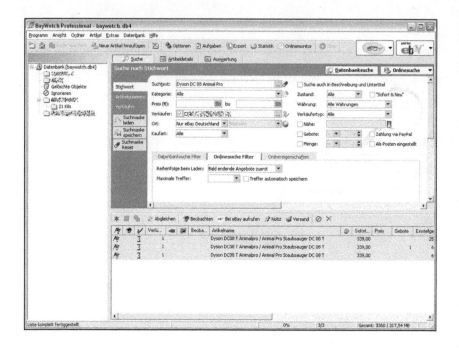

Klicken Sie jetzt oben in der Menüleiste auf den Button mit der kleinen Lupe und der Beschriftung „Suchen". Wählen Sie in der Suchmaske dann links in der Navigation den Punkt „Stichwort" aus. Jetzt geben Sie bei „Suchtext" Ihre Suchbegriffe ein. Setzen Sie das Häkchen bei „Verkäufer" und tragen Sie hier den eBay-Namen des Wettbewerbers ein. Klicken Sie danach oben rechts in der Suchmaske auf den Button „Onlinesuche". Jetzt durchforstet Baywotch alle laufenden Angebote des von Ihnen eingetragenen eBay-Namens nach Angeboten mit dem von Ihnen vorgegebenen Suchtext. Nachdem die Ergebnisse angezeigt werden, müssen Sie in der Leiste direkt über der Ergebnisliste zunächst auf das Symbol, das drei kleine Disketten anzeigt, klicken. Damit speichern Sie alle Ergebnisse auf einmal in der Datenbank von Baywotch auf ihrem PC dauerhaft ab. Danach klicken Sie auf das Symbol daneben, das sich „Abgleichen" nennt. Jetzt prüft Baywotch, ob sich seit dem letzten Speichern etwas an den Angeboten geändert hat und bringt diese Daten auch sofort auf den neuesten Stand.

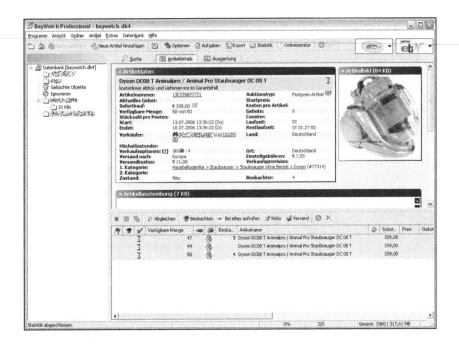

Wie Sie sehen, werden jetzt alle Details des Angebotes inklusive des Artikelbildes angezeigt. Hier können Sie schon auswerten, wann die Angebote beginnen, enden, wer der momentan Höchstbietende ist, wie viele Beobachter das Angebot beobachten und so weiter. Wenn das Angebot endet, dann bleibt es dennoch in der Datenbank bestehen und kann auch zukünftig ähnlich rückwirkend ausgewertet werden, wie bei der eBay-Marktanalyse, die die letzten 90 Tage anzeigt. Da die Datenbank aber auf Ihrem Rechner ist, bleiben hier auch die Daten erhalten, die älter als 90

Tage sind. Wenn Sie also regelmäßig scannen, können Sie im Gegensatz zur eBay Marktanalyse dann auch Daten auswerten, die ein halbes, ein ganzes Jahr oder länger zurück liegen. Innerhalb von eBay werden die Angebotsinformationen nach 90 Tagen gelöscht und sind dann auch nicht mehr über die eBay Marktanalyse auswertbar. Gut, es wird Zeit, dem Anbieter einmal etwas tiefer in die Karten zu schauen.

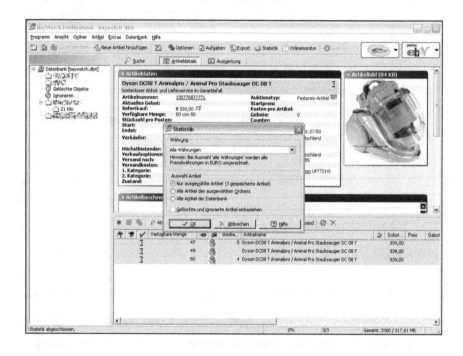

Klicken Sie in der obersten Leiste auf den Button „Statistik" und wählen Sie in dem kleinen Menü aus, welche Daten Sie analysieren wollen. Wir haben hier vorher die Angebote des Konkurrenten, die wir auswerten wollen, mit der Maus (gedrückte linke Taste) markiert. Sobald Sie auf OK klicken, erstellt Baywotch aus den Daten in der Datenbank eine ausführliche Auswertung.

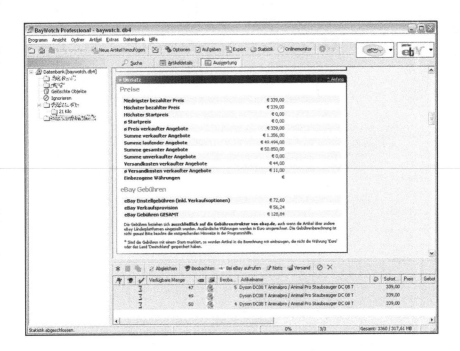

Wir interessieren uns jetzt einmal für den Umsatz, den der Konkurrent mit den einzelnen Angeboten im Durchschnitt und insgesamt gemacht hat. Auch die eBay-Gebühren schauen wir uns an. Diese zeigt die eBay Marktanalyse zum Beispiel nicht an. Die Auswertung zeigt, dass der Konkurrent einen Durchschnittserlös von 399,00 € erzielt und zwar immer, denn bei höchster und niedrigster Preis steht der gleiche Betrag. Mit anderen Worten, er verkauft den Staubsauger nur zum Festpreis und nicht als Auktion. Das verraten uns auch die Angebotsdetails. Weiter oben in der Auswertung finden wir in dem Feld „Stückzahl", dass er bisher 4 Geräte verkauft hat. Dafür wird ein Umsatz von 1356,00 € ausgewiesen. An eBay-Gebühren hat er bisher 128,84 € investiert. Bisher also ein recht gutes Geschäft.

» Angebote   ^ Anfang   » Quicklinks

Status   Zahlen

Gesamt	1	
Unvollständig	0	0,0%
Laufend	1	100,0%
Überfällig	0	0,0%
Beendet	0	0,0%
Vorzeitig beendet	0	0,0%
Erfolgreich verkauft	0	0,0%
Nicht verkauft	0	0,0%
Zuschlag durch Sofortkauf-Option	0	0,0%
BayWotch Beobachten-Flag	0	0,0%
Ungültig	0	0,0%

» Angebote
» Verkaufsoptionen
» Stückzahl
» Benutzer
» Gebote
» Umsatz

Grafiken

Auktionstyp

Typ "Auktion"	0	0,0%
Typ "Auktion mit Sofortkauf"	0	0,0%
Typ "Festpreis"	1	100,0%
Typ "Power"	0	0,0%
Typ "Anzeige"	0	0,0%

» Preisverlauf
» Wochentag und Preis
» Tageszeit und Preis
» Laufzeit und Preis
» Auktionstyp und Preis
» Verkaufsoption und Preis
» Wochentag und Angebotsende
» Tageszeit und Angebotsende
» Wochentag und Verkaufserfolg
» Tageszeit und Verkaufserfolg
» Tageszeit und Counter
» Wochentag und Counter

Merkmale

Privatauktionen	0	0,0%
Als Posten eingestellt	0	0,0%
Zustand "Neu"	1	100,0%
Zustand "Gebraucht"	0	0,0%
Mit Counter	0	0,0%
Überarbeitet	0	0,0%
Shop-Artikel	0	0,0%
PayPal verfügbar	0	0,0%
Reserve-Price	0	0,0%
Reserve-Price nicht erreicht	0	0,0%
Angebot an unterlegene Bieter	0	0,0%
Wiedereingestellt	0	0,0%
Versandkostenfrei	0	0,0%

» Verkaufsoptionen   ^ Anfang

Untertitel	1	100,0%
2. Kategorie	0	0,0%

Wenn Sie sich diesen Ausschnitt der ermittelten und angezeigten Details anschauen und rechts die *„Quicklinks"* zu allen Ergebnissen, die Baywotch ermitteln kann, dann erkennen Sie, wie mächtig dieses Tool ist und wie viele Details es enthüllt.

Antwort auf Frage 3: Hier geht es weniger um eine konkrete Antwort, als um die Erkenntnis, das es einfach und simpel möglich ist, mit der eBay Marktanalyse Plus und vor allem auch mit Baywotch auch den Wettbewerbern „in den Laden und die Kasse zu schauen" und das auf Wunsch sehr detailliert. In der Art und Weise kann man das bei keinem anderen Vertriebsweg tun. Gerade in eng umkämpften Märkten oder Marktnischen ist eine genaue Kenntnis der Wettbewerbssituation sehr wichtig. Allerdings müssen Sie es sich gefallen lassen, dass Ihre Konkurrenten das umgekehrt natürlich genau so tun können und mit Sicherheit auch tun werden.

Frage 4: Bringen Zusatzoptionen mehr Umsatz?

eBay kassiert für seine Zusatzoptionen ja auch ganz gerne Zusatzgebühren. Das sehr sinnvolle Galeriebild kostet moderate 75 Cent, aber andere Zusatzoptionen sind mitunter richtig teuer. Das „Top-Angebot auf der Startseite" beispielsweise kostet direkt einmal knappe 80 €. Daher ist die Frage, ob diese Zusatzoptionen etwas bringen, absolut berechtigt. Auch dieser Frage können wir mit Hilfe der Filterfunktionen der eBay Marktanalyse sehr leicht auf den Grund gehen.

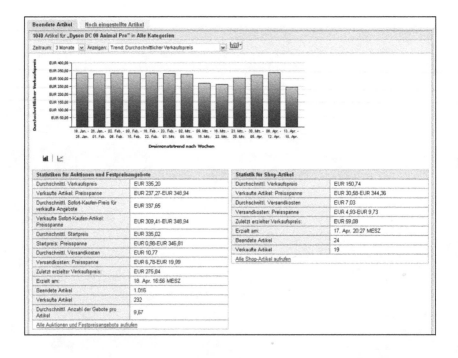

Wieder sind die Filter nützlich

Zunächst ermitteln wir, wie bei Frage 1 den Durchschnittspreis, den ein Artikel bei eBay erbringt. Wir hatten hier den Durchschnittspreis von rund 335 € ermittelt. Als nächstes kommen wieder die Filterfunktionen zum Einsatz.

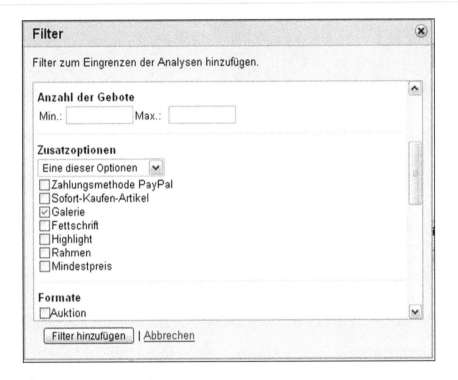

Diesmal interessieren uns die Zusatzoptionen. Bleiben wir beim Thema Galerie-Bild. Setzen Sie in der Filterauswahl das Häkchen bei der Zusatzoption „Galeriebild" und klicken Sie dann auf „Filter hinzufügen". Jetzt wird die Auswertung wiederholt und zwar unter Berücksichtigung des soeben gesetzten Filters. Sprich: es werden nur die Angebote analysiert, die mit einem

Galerie-Bild veröffentlicht wurden. Das Ergebnis zeigt, dass diese Angebote einen Durchschnittspreis von 339,15 € gebracht haben, also nicht einmal 5 € mehr. Von der Differenz müssen wir ja noch die 75 Cent Kosten für die Zusatzoption Galerie-Bild abziehen.

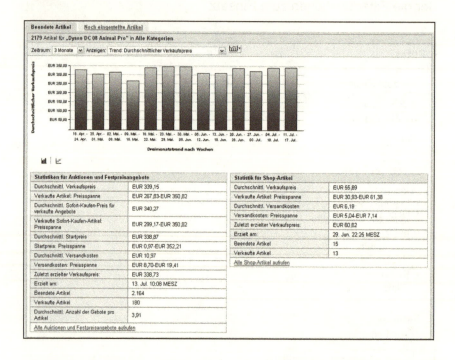

Finanziell bringt das Galerie-Bild hier also nur wenig. Dennoch kann es sich absolut lohnen! Schauen Sie zunächst nach, ob das Galerie-Bild für diesen Artikel generell sehr häufig benutzt wird. Kommt es selten zum Einsatz, können Sie mit der Nutzung erheblich mehr Aufmerksamkeit auf Ihre eigenen Angebote lenken, da Ihre Offerten in der Ergebnisliste deutlich auffallen. Sie verkaufen den einzelnen Staubsauger dann also nicht für mehr, aber da mehr Kunden auf Sie aufmerksam werden, verkaufen

Sie eine größere Stückzahl! Testen Sie durch die Filter aus, wie viele Ihrer Konkurrenten das Galeriebild einsetzen, indem Sie bei den Filtern sowohl nach dem Verkäufernamen, als auch nach der Zusatzoption Galerie-Bild filtern.

Wird das Galerie-Bild sehr häufig benutzt, sodass Sie damit nicht zusätzlich auffallen, dann kann es sich lohnen, mit den Filtern nach der Wirksamkeit weiterer Zusatzoptionen zu fahnden. Wenn fast alle das Galerie-Bild benutzen, aber niemand verwendet Zusatzoptionen wie Fettschrift, Rahmen oder Highlight, die alle noch bezahlbar sind, dann sorgen Sie durch die zusätzliche Nutzung dieser Optionen dafür, dass Ihre Angebote aus der Masse hervorstechen.

Antwort auf Frage 4: Die Filter erlauben eine recht aussagekräftige Auswertung, ob und welche Zusatzoptionen den Verkaufserfolg positiv beeinflussen oder nicht.

Frage 5: Gibt es einen Zusammenhang zwischen Preis und verkaufter Menge?

Nur sehr selten wird man es erleben, dass ein Artikel über eBay ohne Schwankungen für den immer gleichen Preis oder in der immer gleichen Menge verkauft wird. Sowohl der Preis, als auch die Menge schwanken. Interessant ist dabei, ob diese beiden Werte einen Einfluss aufeinander haben. Besteht ein Zusammenhang zwischen Preis und Menge? Klettert der Preis, wenn die Menge knapper wird? Oder geht der Preis in die Knie, wenn zuviel Ware auf dem Markt ist? Auch das lässt sich ohne Probleme auswerten. Wählen Sie im Dropdown-Menü „Anzeigen" die Funktion „Trend: Anzahl der verkauften Artikel" aus.

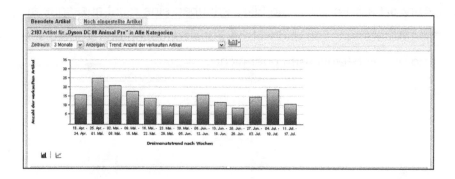

Sie erhalten eine Grafik, die anzeigt, wie oft der Artikel in den einzelnen Zeitabschnitten des Untersuchungszeitraumes verkauft wurde. In unserem Beispiel haben wir den Zeitraum auf „3 Monate" gesetzt und bekommen Angaben für jede Woche in diesem Zeitraum. Wie Sie im Bild sehen, gab es starke und schwache Wochen. Jetzt gilt es, den Verkaufspreis über den gleichen Zeitraum hinzuzuziehen. Über der Grafik sehen Sie ganz rechts ein kleines Symbol mit einer kleinen Grafik. Klicken Sie auf den Pfeil daneben.

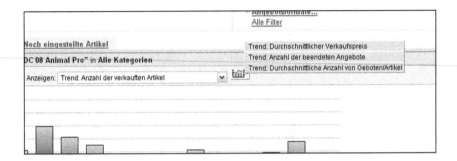

Zwei Analysen im Zusammenhang betrachten

Es erscheint eine Auswahl von zusätzlichen Analysen, die Sie quasi über die bereits erstellte Auswertung „drüber legen" können. Die Marktanalyse bietet Ihnen hier immer nur die Zusatzauswertungen an, die im Zusammenhang mit der Hauptanalyse Sinn machen. Wir interessieren uns für den „Trend: Durchschnittlicher Verkaufspreis". Diese zweite Analyse wird jetzt als rote Liniengrafik über die blauen Balken der ersten Hauptanalyse eingeblendet. Dadurch kann man an der Grafik jetzt ablesen, ob hier ein Zusammenhang besteht.

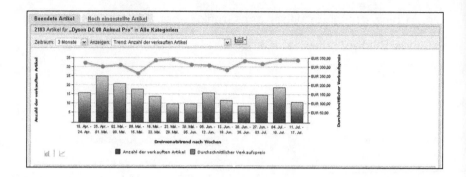

Tatsächlich zeigt die Grafik, dass ab Mitte Mai, als die verkaufte Menge über rund vier Wochen zurück ging, der Preis leicht angestiegen ist. In der letzten Aprilwoche wurde die größte Menge verkauft, doch der Preis blieb in diesem Zeitraum stabil. Zwar sind die Unterschiede nicht sehr intensiv, aber doch erkennbar. Wie kann man das interpretieren? Der Preis scheint „nach unten hin" halbwegs stabil zu sein. Viel Ware auf dem Marktplatz erzeugt in unserem Beispiel also kaum Preiseinbrüche. Kommt es zu einer Knappheit der Ware, ist ein leichter Preisanstieg zu erwarten. Schauen wir uns noch ein weiteres Beispiel an.

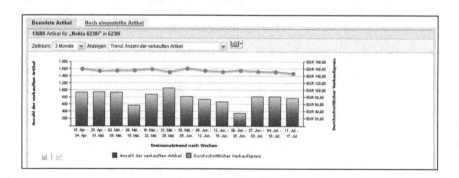

Bei dem Handy Nokia 6230i scheinen Mengenschwankungen nahezu keinerlei Einfluss auf den Preis zu haben. In Zeiten, wo die

Angebotsmenge sinkt, bleibt der Preis unverändert auf einem gleich bleibenden Niveau stabil. In der einen Maiwoche, in der geringfügig mehr Angebote aktiv waren, als in der Woche davor und danach, ist zu erkennen, dass der Preis nur ein kleinwenig nachgegeben hat. Schauen wir uns ein letztes Beispiel an. Und zwar die Deutschlandfahne für das Auto, wie man Sie während der WM 2006 in Deutschland an vielen PKW gesehen hat.

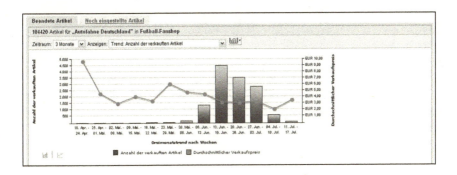

Wie Sie sehen, wurde in den Wochen lange vor der WM nur extrem wenig dieser Ware auf dem Marktplatz verkauft, die Balken sind kaum über der 0-Linie zu erkennen. Aber in und ab der Woche, in der die WM begann, schoss die Zahl in die Höhe. Während der WM wurden Unmengen dieser Autofahnen über eBay verkauft. Nach der WM brach der Markt quasi wieder zusammen. Der Preis ging in der Boomzeit ein Stück zurück, blieb aber wegen der Beliebtheit des Artikels stabil und brach nicht völlig ein. Lediglich in der letzten WM-Woche, als Deutschland das Halbfinale verlor, sackte der Preis unter die 3 €-Marke und auch die Menge ging deutlich zurück. Lange vor der WM wurden die wenigen Fahnen, die erfolgreich abgesetzt wurden, immerhin für rund 9 € verkauft.

Antwort auf Frage 5: Die Möglichkeit, zwei verschiedene Auswertungen durch „übereinander legen" auf Zusammenhänge abzuklopfen, erlaubt eine gute Aussage darüber, in welcher Abhängigkeit Preis und Angebotsmenge stehen. Mit dieser Methode lassen sich auch andere Zusammenhänge ermitteln. Spielen Sie einfach mit den verschiedenen Kombinationen herum!

Frage 6: Welchen Startpreis verträgt mein Artikel?

Der Startpreis entscheidet beim Verkaufsformat Auktion über Sieg oder Niederlage. Ist er zu niedrig, dann klettert der Preis vielleicht nicht auf die Höhe, die der Verkäufer braucht, damit sich der Verkauf lohnt. Setzt man den Startpreis zu hoch an, dann vergrault man sich die Bieter und die Auktion endet ohne Gebote. Natürlich gibt es Artikel, die so beliebt sind, dass man sie immer für 1 € Startpreis einstellen kann und die Gebote klettern dennoch fantastisch. Das hat man vor allem bei seltenen aber begehrten Stücken wie Sammlerartikel und ähnlichen Dingen. Aber Massenware, die man in Konkurrenz zu anderen Verkäufern, aber auch zu anderen Plattformen außerhalb von eBay anbietet, kann sehr sensibel auf den falschen Startpreis reagieren.

Welcher Startpreis killt die Verkaufschancen?

Auch hier bietet die eBay Marktanalyse wieder die Möglichkeit an, zwei Auswertungen in Zusammenhang zu betrachten. Lassen Sie sich daher zunächst die *„Verteilung: Anzahl der verkauften Artikel"* anzeigen.

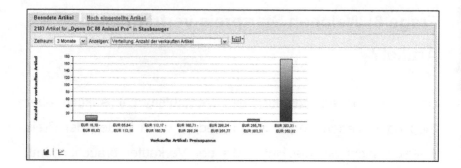

Unser Staubsauger „Dyson DC 09 Animal Pro" als Beispielartikel zeigt, dass er sehr stabil in großer Anzahl in der Preisregion 300 bis 350 € verkauft wird.

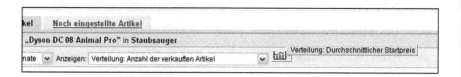

Jetzt rufen wir über die kleine Schaltfläche die passende „Partner-Analyse" auf. Es wird nur *„Verteilung: Durchschnittlicher Startpreis"* angeboten. Das Ergebnis ist interessant!

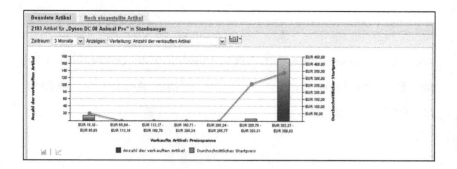

Startpreis 1 € ist nicht immer die beste Wahl

Denn wir sehen, dass dieser Artikel durchaus einen hohen Startpreis verträgt, denn die Linie mit dem höchsten Startpreis fällt ja
mit dem Balken für die höchste Anzahl verkaufter Artikel zusammen. Der Artikel steht also so hoch in der Gunst der Käufer, dass
er einen Startpreis verträgt, der im Bereich des endgültigen Ver-
kaufspreises liegt. Ursache hierfür kann sein, dass es sich um einen bekannten Markenartikel handelt, der gut nachgefragt ist und
vermutlich außerhalb von eBay teurer ist.

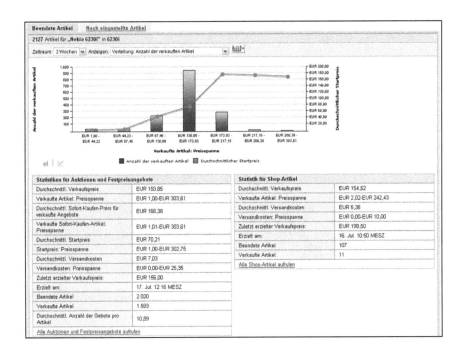

Nehmen wir uns ein weiteres Beispiel vor. Das Nokia 6230i zeigt
hier ein anderes Bild. Ich haben hier auch bewusst einmal einen
kurzen Zeitraum von 2 Wochen genommen, da das Nokia 6230i

in der Zeit, als dieses Kapitel geschrieben wurde, ein sehr aktuelles Gerät war. Die größte Verkaufsmenge liegt im Preissegment 130 bis 170 €. Der Startpreis „unterstützt" diese Entwicklung bis zu einer Startpreishöhe von rund 80 €. Liegt der Startpreis deutlich darüber, brechen die Verkaufschancen für diesen Artikel deutlich zusammen, wie die Grafik zeigt. Hier erkennen wir also, dass dieses Produkt durchaus einen Startpreis von deutlich über 1 € verträgt. Aber der Startpreis sollte maximal die Hälfte des durchschnittlichen Erlöses (siehe Tabelle im Bild) betragen, um die Verkaufschancen nicht deutlich zu gefährden.

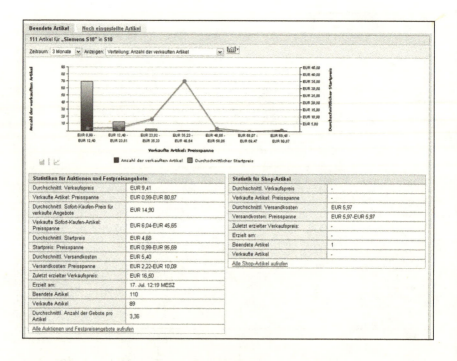

Schauen wir uns ein letztes Beispiel an, abermals ein Handy. Diesmal haben wir mit dem Siemens S10 einen richtig „alten Knochen" ausgewählt. Die Grafik zeigt, dass dieses alte Mobiltelefon in größeren Mengen nur im niedrigsten Preissegment von 1 bis 13 € verkauft wird. Außerdem zeigt die Grafik – wir haben wieder 3 Monate betrachtet – dass nur ein sehr niedriger Startpreis von 1 bis 2 € den Verkauf gelingen lässt. Sobald sich der Startpreis der 10 €-Grenze nähert, sinken die Verkaufschancen in Richtung der Null-Linie. Die Tabelle weist einen durchschnittlichen Startpreis von 4,68 € aus und einen durchschnittlichen Erlös von 9,41 €.

TIPP: **Startpreis mit anderem Gegenüberstellungspaar!**

Sie können die Wirkung des Startpreises noch mit einer anderen Gegenüberstellung prüfen! Wählen Sie zunächst als Hauptgrafik „*Verteilung: Durchschnittlicher Startpreis*" und satteln Sie auf diese dann die „*Verteilung: Anzahl der Verkauften Artikel*" drauf.

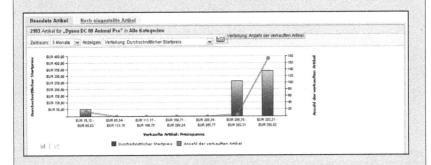

Auch damit werden Zusammenhänge zwischen Startpreis und Verkaufschancen offen gelegt. Es ist eine ähnliche Betrachtung nur eben mit dem Startpreis als Ausgangspunkt.

Antwort auf Frage 6: Die Ermittlung des sinnvollen Startpreises ist ebenso einfach wie wichtig. Wer in Sachen Startpreis aus dem Gefühl heraus handelt und zu hoch pokert, verliert. Wer hingegen die Marktdaten analysiert, findet den richtigen Startpreis. Hat man hingegen ein Produkt, das derzeit der absolute Renner ist, dann kann man auch durchaus immer zu 1 € starten und wird sich dennoch über gute Erlöse freuen. Spannend wird es dann wieder, wenn der bisherige Renner an Beliebtheit verliert.

Frage 7: Wie ist das Verhältnis von Angebot und Nachfrage.

Sicher, wir haben diesen Punkt bei Frage 2 schon einmal als Unterpunkt betrachtet und eine Antwort über die Tabelle gefunden. Dennoch möchte ich diesen wichtigen Aspekt hier noch einmal separat behandeln, denn man kann diese Frage ebenfalls grafisch auswerten. Zunächst rufen wir dazu die *„Trend: Anzahl der beendeten Angebote"* als Hauptauswertung auf.

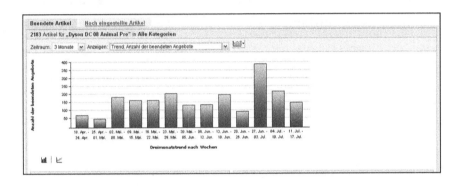

Es zeigt sich im Dreimonatsverlauf eine durchaus schwankende Zahl mit nur einem herausragenden Höhepunkt von 389 beendeten Angeboten zwischen dem 27. Juni und dem 3. Juli, einem zeitweise halbwegs stabilen Durchschnitt und einem Tiefpunkt von 53 beendeten Angeboten in der Woche vom 25. April bis 1. Mai. Nun legen wir als zweite Auswertung den *„Trend: Anzahl der Verkauften Artikel"* darüber.

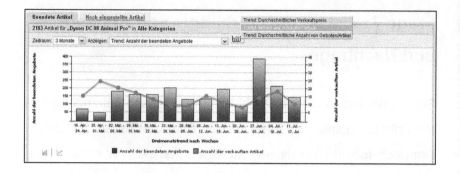

Wir können jetzt an den Balken und Linien ablesen, dass immer um ein vielfaches mehr Angebote auf eBay eingestellt waren, als tatsächlich verkauft wurden. Um die einzelnen Werte zu betrachten, gibt es eine einfache Methode. Bewegen Sie den Mauszeiger auf einen Balken, wird die Zahl, die er repräsentiert, dargestellt.

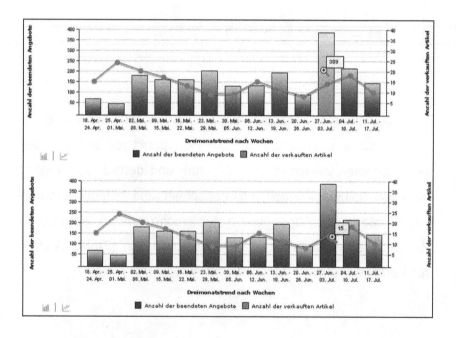

Zielen Sie mit dem Mauszeiger auf einen Datenpunkt der Linien-grafik, wird hier der entsprechende Wert dargestellt. So sehen wir, dass in der scheinbar starken Woche vom 27. Juni bis 3 Juli zwar 389 Angebote online waren. Erfolgreich verkauft wurden davon aber tatsächlich nur 15. Das entspricht einer Erfolgsquote von noch nicht einmal 4 %! Nehmen wir die scheinbar schwächste Woche vom 25. April bis 1. Mai, in der nur 53 Ange-bote online waren. Verkauft wurden in der Zeit 25 Geräte. Die Erfolgsquote liegt hier bei über 47 %. Sie erkennen also, dass es nicht immer nützlich ist, wenn möglichst viel Ware auf einmal auf dem Marktplatz angeboten wird.

Eine Übersättigung des Marktes drückt die Verkaufschancen im-mens nach unten. Dies könnte sich hier auch in anderen Werten widerspiegeln. Behalten wir die Hauptanalyse *„Trend: Anzahl der Verkauften Artikel"* einmal bei, aber legen wir jetzt den *„Trend: Durchschnittliche Anzahl von Geboten/Artikel"* darüber. Theore-tisch müsste bei einem übersättigten Markt die Anzahl der Ge-bote sinken, da einerseits die Zahl der Interessenten – die Nach-frage – nicht steigt und andererseits die Leute, die sich interes-sieren, schneller zum Zug kommen und sich weniger „Bieter-schlachten" liefern, als wenn der Markt zu knapp mit Ware be-stückt ist.

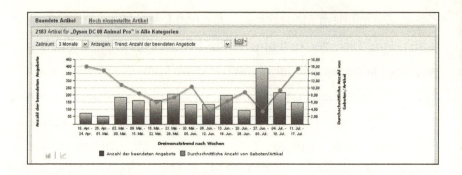

Die Grafik bestätigt diese Einschätzung. In der Woche, in der der Markt so stark übersättigt war, wurden pro Artikel tatsächlich die wenigsten Gebote abgegeben. Es waren 3,72 Gebote. In der Woche Ende Mai, in der der Markt die wenigsten Angebote in der dreimonatigen Betrachtung gesehen hat, weist die Zahl der Gebote mit 15,06 den dritthöchsten Wert aus. Das bedeutet, die 53 Angebote in dieser Woche waren um ein vielfaches härter umkämpft, als die 389 Offerten in der übersättigten Woche. Man kann hier folglich sehr gut ablesen, wie sich das Angebot auf die Nachfrage auswirkt.

Der Vollständigkeit halber sollten wir in diesem Zusammenhang noch einen dritten Faktor auswerten, nämlich den Preisverlauf. Die Hauptanalyse *„Trend: Anzahl der Verkauften Artikel"* lassen wir abermals unverändert, überlagern diese aber jetzt mit dem *„Trend: Durchschnittlicher Verkaufspreis"*.

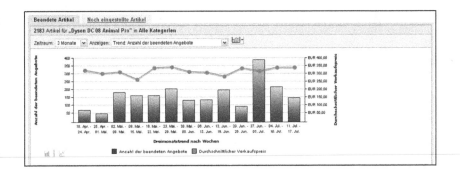

Hier sehen wir interessanterweise, dass die Übersättigung in der Woche vom 27.Juni bis 3. Juli nicht zu einem Preiseinbruch geführt hat. Die Nachfrage ging, wie ermittelt, zwar sehr stark zurück, aber die Artikel, die verkauft wurden, gingen für einen stabilen Preis über den virtuellen Ladentisch. Umgekehrt hat die schwache Woche Ende Mai auch nicht zu einem drastischen Preisanstieg geführt. Für diesen Artikel lässt sich also feststellen, dass der durchschnittliche Verkaufspreis nicht oder nur unwesentlich mit der Entwicklung des Verhältnisses von Angebot und Nachfrage „mitschwingt".

Antwort auf Frage 7: Auch für das Verhältnis von Angebot und Nachfrage lassen sich statistisch Erkenntnisse gewinnen. Dabei lassen sich auch Übersättigungseffekte und deren Auswirkung auf den Preis erkennen.

Frage 8: Kann man Saisoneffekte erkennen?

Diese Frage ist recht einfach zu beantworten. Man muss nur die verschiedenen Daten in einem langen Zeitverlauf betrachten, um hier entsprechende Schlüsse ziehen zu können. Natürlich tritt der Effekt vor allem bei solchen Artikel zu Tage, die tatsächlich saison-relevant sind. Artikel, die rund ums Jahr immer gebraucht werden, werden weitaus niedrigere oder keine Saisoneffekte ausweisen, also solche, die nur zu einer bestimmten Jahreszeit gefragt sind. Gute Beispiele sind Wintersport-, oder Sommer-sportartikel. Eine gute Aussage liefert natürlich der *„Trend: An-zahl der verkauften Artikel"* und den betrachtet über die maximal möglichen drei Monate.

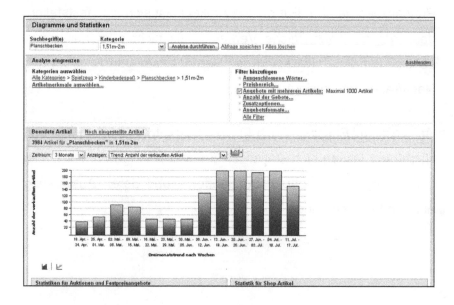

Hier haben wir das Beispiel „Planschbecken" genommen. Die Verkaufszahlen kommen aus dem April recht „tief rein". Vermutlich erste „Wetteraufschwünge" im Mai haben die Zahlen mild steigen lassen. Der Sommeranfang hingegen bringt eine deutliche Steigerung.

Antwort auf Frage 8: Selbstverständlich kann man mit den Marktdaten auch Saisoneffekte auswerten. Die maximal möglichen drei Monate, die man zurückschauen kann, sind dafür allerdings manchmal recht knapp bemessen. Als Alternative, oder besser als Ergänzung bietet sich wieder Baywotch an, denn hier können Sie die Daten durch die lokale Speicherung über einen beliebig langen Zeitraum beobachten. Allerdings ist hier die langfristige Analyse leider nur für den Preisverlauf möglich ist.

TIPP: **Baywotch ermöglicht deutlich langfristigere Beobachtungen, aber nur für den Preisverlauf!**

Die eBay Marktanalyse ist direkt an die eBay-Datenbank gekoppelt und zeigt daher nur die Angebote der letzten 90 Tage an. Um Saisoneffekte auszuwerten, sind aber längere Zeiträume oft besser und liefern präzisere Ergebnisse. Da Sie in Baywotch die eBay-Angebotsdetails herunterladen und in einer eigenen Datenbank lokal speichern, bleiben die Daten auch über diese 90-Tagefrist hinaus verfügbar. Mit diesem kleinen Aufwand wächst mit der Zeit Ihre Datenbank und Sie können dann langfristige Analysen anstellen.

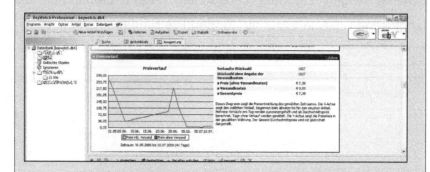

Nachteilig an Baywotch ist dabei allerdings, das Baywotch die langfristige Entwicklung eines Artikels ausschließlich an Hand des Preisverlaufes anzeigt. Sicher, das ist einer der wichtigsten Faktoren. Aber die eBay Marktanalyse erlaubt die Betrachtung anderer Faktoren wie „beendete Angebote", „verkaufte Angebote", „durchschnittlicher Startpreis" oder „Anzahl der Gebote pro Angebot".

Frage 9: Gegen welche Preise muss ich außerhalb von eBay antreten?

eBay ist unbestritten der weltweit größte Internet-Marktplatz. Über eBay kann man auf die einfachste, und aller Gebühren-Schimpfereien zum Trotz billigste, Art und Weise an unzählige Kunden bundes-, europa- oder weltweit heran kommen. Dennoch muss man als Verkäufer auch über den eBay-Tellerrand schauen. Schließlich gibt es viele Waren, vor allem im Bereich der Konsumgüter, Neu- und Massenwaren, auch außerhalb von eBay.

Amazon: Oft vergleichbare Ware aber auch zu vergleichbaren Konditionen?

In Sachen Bücher, CD und DVD, Elektronik und einigem mehr, wäre Amazon zu nennen. Auch Amazon expandiert! So werden hier seit neuestem (Sommer 2006) auch Artikel in der neuen Kategorie „Sport & Freizeit" angeboten. Sogar unser Fallbeispiel, den Staubsauger Dyson DC 08 Animal Pro findet man bei Amazon und das zu einem mit den eBay-Offerten absolut konkurrenzfähigen Preis von 339,- € (Juli 2006).

Daher sollte man sich immer die Mühe machen, auch auf Amazon oder anderen großen Marktplätzen die Preise der Produkte, die man über eBay vermarkten will, zu recherchieren. Denn gegen diese Preise muss man auch antreten. Neben Amazon gibt es noch einige weitere große Marktplätze, die sich aber oft auf bestimmte Warengruppen und Kategorien spezialisiert haben. Da wären die gängigen KFZ-Handelsplattformen wie beispielsweise www.autoscout24.de oder www.mobile.de (eBay-Tochterunternehmen). Da wäre www.elektronicsout24.de für Waren im Bereich Computer, Unterhaltungselektronik, Digitalkameras etc.

Viele kleine Onlineshops und Nischenmärkte

Bei diesen großen Plattformern ist es nicht all zu schwer, die Preise zu ermitteln, gegen die man mit seinen eBay-Offerten antreten muss. Und eventuell kann die Recherche ja auch ergeben, dass es sich durchaus lohnen könnte, selbst auch über diese Plattformen zu handeln. Aber neben diesen weithin bekannten Plattformen gibt es ja auch noch unzählige „kleine" Onlineshops, Spezialversender und Nischenmärkte, die einerseits weitgehend unbekannt sind, aber andererseits von den „Smart-Shoppern", also denen, die mit Ruhe und Geschick im Internet auf die Jagd nach dem besten Preis gehen, immer gefunden werden.

Im Bild sehen Sie einen Online-Shop, der für unser Fallbeispiel Dyson DC 08 Animal Pro, den in Frage 1 ermittelten Durchschnittspreis von 335,- € auf eBay und den Preis von 339,- € von Amazon deutlich schlägt. Aber wie soll man als eBay-Verkäufer all diese eigenständigen Online-Shops kennen?

Preissuchmaschinen helfen weiter!

Gar nicht - lautet die Antwort, denn man kann diese nicht alle kennen oder manuell suchen. Dennoch können wir diese Shop-Preise recht einfach ermitteln. Wir bedienen uns einfach der gleichen Tricks und Methoden, die die erwähnten Smart-Shopper für Ihre Preisjagd benutzen: Preissuchmaschinen und Vergleichsseiten! Schauen wir uns die Vorgehensweise am Beispiel von www.guenstiger.de an, einer Preissuchmaschine, die sich auf den Bereich TV & Video, Foto, Telefon & Co, HiFi & Audio, Computer, Haushalt, Specials fokussiert hat.

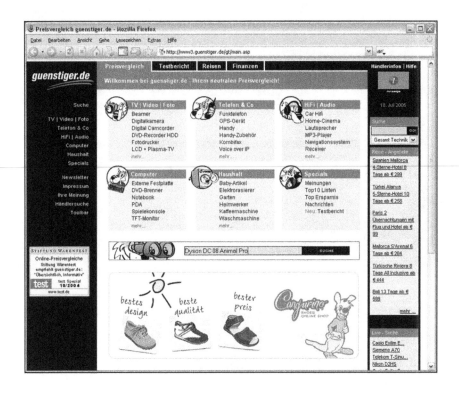

Geben Sie in der Suchzeile den Suchbegriff ein, also die Produktbezeichnung des Artikels. Der sollte möglichst präzise sein. Bei unserem Beispiel reicht nicht „Dyson DC 08", da der Hersteller mehrere verschiedene Modelle dieses Produktes hat. Wir suchen ja gezielt nach dem Modell „Animal Pro", daher müssen diese beiden Worte mit in die Suchmaske.

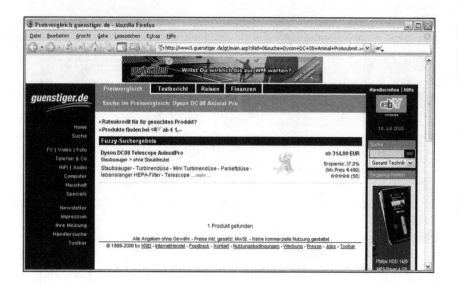

Sie sehen jetzt das Ergebnis, das den derzeit günstigsten Preis, den die Suchmaschine ermitteln konnte, anzeigt. Mit 314 € ist der deutlich unter dem eBay-Durchschnittspreis und auch unter dem Amazon-Preis. Wenn Sie in dieser Anzeige auf das rot gedruckte „mehr…" klicken, erreichen Sie die Detailanzeige zum Anbieter, der diesen Preis bietet.

Sie sehen jetzt um welchen Anbieter es sich handelt und wo dieser seinen Sitz hat. Sie bekommen (meist) weitere Informationen, beispielsweise über die Versandkosten, und Sie können über einen Link direkt in den Online-Shop des Anbieters kommen. Neben www.guenstiger.de gibt es noch andere Preissuchmaschinen. Dann gibt es auch Shopping- und Vergleichs-Communitys, die neben Preissuche auch Produktbewertungen und weitere Infos liefern. Hier einige der bekannteren:

www.billiger.de

www.ciao.de

www.froogle.de

www.geizhals.de

www.idealo.de

www.kelkoo.de

www.preisauskunft.de

www.preisroboter.de

www.preissuchmaschine.de

www.preisvergleich.de

www.shopping.com

www.yatego.de

Ergebnisse in Beziehung zur Shop-Größe

Über diese Preissuchmaschinen werden Sie recht oft Preise finden, die unter den Durchschnittspreisen von eBay oder auch anderen großen Marktplätzen wie Amazon liegen. Sind diese
Preise für Sie als schwerpunktmäßiger eBay-Händler gefährlich?
Um diese Frage zu beantworten, muss neben dem Preis noch
ein anderer wichtiger Faktor einbezogen werden: Die Größe oder
besser die Bekanntheit des Online-Shops. Viele dieser Billigan-
bieter sind alles andere als weithin bekannt und viel besucht.
Sprich es „verirren" sich nicht all zu viele Kunden in diese Shops,

denn oft haben deren Betreiber auch kaum Budgets, um intensiv dafür zu werben. Der schon angesprochene Smart-Shopper wird den Shop finden und dort kaufen, wenn der Rest (Service, Garantieleistungen etc.) stimmt. Aber sehr viele Kunden möchten nicht lange und aufwändig suchen, wühlen, stöbern, denn dafür fehlt oft die Zeit oder das Know-how. Der größte Teil aller Kunden möchte viel lieber schnell und bequem kaufen und steuert daher eBay und die anderen großen Marktplätze an. Sie werden also dadurch, dass Sie über eBay von viel mehr Kunden gefunden werden und so deutlich Ware verkaufen, gut gegen so einen „billigen Jakob" bestehen können. Dennoch ist es wichtig, diese ganzen „Jakobs" auch zu kennen und öfters nach der Preisentwicklung in deren Shops zu schauen.

Interessanter wird es bezüglich der Konkurrenz durch die großen alternativen Marktplätze wie Amazon & Co. Die Erfahrung zeigt hier aber, dass die Preise dort in der Regel über dem Niveau von eBay liegen, sprich eBay den Preis beispielsweise von Amazon schlägt. Allenfalls liegen beide Preise auf ähnlichem Niveau. Es wird also oft so sein, dass Sie mit Ihrer Kalkulation vor allem den „eBay-internen" Durchschnittserlös realisieren müssen. Das schauen wir uns einmal an, indem wir verschiedene Produkte parallel auf eBay und Amazon in Sachen Preis recherchieren.

Produkt	eBay	Amazon	Monat
Pulsuhr Polar S625X	256,10 €	369,95 €	Juli 06
Harry Potter und der Feuerkelch (DVD)	10,32 €	19,95 €	Juli 06
Nikon D50 Digitalkamera + Objektiv DX 18-55	528,56 €	569,00 €	Juli 06
Stadium Arcadium CD, Red Hot Chilli Peppers	13,94 €	17,95 €	Juli 06
Landmann Kugelgrill 45 cm Durchmesser	40,28 €	29,95 €	Juli 06

Wie Sie sehen, hat bei unserer kurzen Recherche nur einmal (Landmann Kugelgrill) der Preis von Amazon unter dem Durchschnittserlös von eBay gelegen. Bei den drei anderen Beispielen hat eBay den Preis von Amazon geschlagen. Dieser Vergleich zeigt aber auch, dass man als Händler bei Amazon – hier kann man ja beispielsweise einen Amazon zShop eröffnen – an der Ware bei Amazon mehr verdient. Denn dass eBay den Preis von Amazon schlägt, ist gut für den Käufer und schmälert die Marge für den Verkäufer. Ihr Einkaufspreis für die Ware muss also in der Regel auf den zu erwartenden Durchschnittserlös von eBay maßgeschneidert werden. Aber wer hindert Sie denn daran, einen solchen Artikel nicht nur auf eBay, sondern zusätzlich auf Amazon zu verkaufen. Wenn der Einkaufspreis auf den niedrigen Durchschnittserlös bei eBay getrimmt ist, bringen Ihnen die Verkäufe auf Amazon entsprechend höhere Margen. Als gewerblicher Händler ist über kurz oder lang eine Multichannel-Strategie sowieso sinnvoller als nur eine einzige Plattform zu bedienen.

Antwort auf Frage 9: Während in vielen kleinen Online-Shops außerhalb von eBay zwar Preise unter dem Durchschnittserlös von eBay liegen, stellen diese dennoch nicht unbedingt eine Gefahr dar, da solche Shops im Internet nicht selten ein Schattendasein fristen, denn sie sind nicht sehr bekannt und werden auch nicht intensiv beworben. Nur die Smart-Shopper werden diese häufig finden. Nur wenige dieser „Inhaber-betriebenen Online-Shops" schaffen den Sprung aus diesem Schattendasein und werden signifikant erfolgreich.

Der Großteil der Kunden, die schnell, bequem und ohne Mühe einkaufen wollen, wird sich bei eBay umschauen und eventuell noch bei den großen bekannten Alternativen wie Amazon. Die Preise dieser großen Marktplätze liegen oft über dem Erlösniveau von eBay, sodass der Durchschnittserlös, den ein Produkt bei eBay bringt, in der Regel die Messlatte für den anzustrebenden Einkaufspreis ist. Dennoch gilt es, die Preisentwicklungen auf allen anderen Plattformen im Auge zu behalten. Zudem lohnt auch die Überlegung, ob man die anderen Marktplätze, wie Amazon, nicht parallel zu eBay erschließt und bedient.

Frage 10: In welche Kategorie passt meine Ware oder gibt es überhaupt eine passende Kategorie?

Das ist eine Frage, die recht einfach und schnell zu beantworten ist. Und wir brauchen nicht einmal ein spezielles Tool dafür. Die Information steckt ja quasi sowieso in eBay drin, man muss nur wissen wie man sie rausholt, wenn man nicht alle einzelnen Kategorien „zu Fuß" absurfen will. Mit der folgenden Webadresse (URL) bekommen Sie eine Übersichtsseite, die alle Hauptkategorien und die „erste Schicht" der jeweiligen Unterkategorien bei eBay zeigt: http://listings.ebay.de.

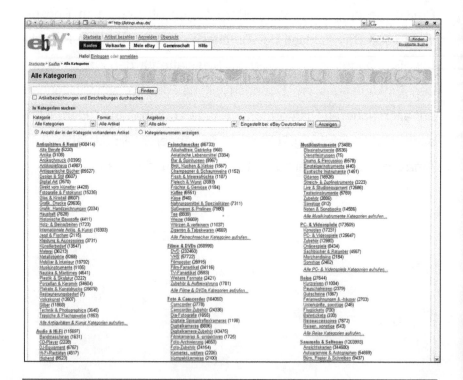

Wie Sie sehen, zeigt die Seite die Hauptkategorien, die erste Schicht der Unterkategorien und in Klammern den Wert der aktuell in diesen Kategorien gelisteten Angebote an. Um jetzt die weiteren Schichten von Unterkategorien zu sehen, reicht es, wenn Sie den Textlink der Hauptkategorie anklicken. Nehmen wir an, wir wollten als Weinhändler Wein über eBay verkaufen.

Wein passt schon mal in die Hauptkategorie *„Feinschmecker"* und wir sehen hier bereits, dass es dort eine Unterkategorie *„Weine"* gibt, in der derzeit 16669 Angebote laufen. Schauen wir uns die Details an, indem wir in dem Fenster einfach auf den Textlink *„Feinschmecker"* klicken.

Schon enthüllen sich uns die weiteren „Unterschichten" innerhalb der Hauptkategorie *Feinschmecker"*. Und wie wir sehen, gliedert sich die Kategorie *„Weine"* in Anbauländer auf, angefangen von Argentinien bis U.S.A. Es folgen noch zwei Kategorien namens *„Sonstige Weinregionen"* und *„Weinraritäten und alte Weine"*. Sie sehen also, wie das Kategoriensystem für unser Sortiment „gestrickt" ist.

Die Zahlen in Klammern stellen die Anzahl momentan laufender Angebote dar. Wie Sie sehen, sind bei Weinen aus Italien, Spanien und Deutschland mehrere Tausend Offerten online, während die Zahl bei argentinischen Weinen sehr klein ist. Wie könnte man diese Zahlen interpretieren. Dass die große Zahl von Angeboten bei europäischen Weinen für ein großes Interesse, eine große Nachfrage und auch viele Anbieter spricht, also auch für gute Absatzchancen, liegt auf der Hand. Aber wie interpretiert man die winzige Menge von z.B. nur 76 Angeboten in der Kategorie *„Argentinien"*. Einerseits wäre folgende Auslegung möglich: Bisher sind nur wenig Händler aktiv, der Markt ist noch jung und aufnahmefähig und bietet gute Chancen für ein Nischenwachstum. Aber es wäre auch folgende Interpretation gleichermaßen möglich: Argentinischer Wein ist bei den Kunden sehr unbeliebt und wird so selten gekauft, dass auch kaum ein Händler aktiv ist, weil die Verkaufschancen sehr schlecht sind. Welche Aussage zutrifft, das müsste man mit Recherche und statistischen Methoden zu ergründen versuchen, denn hier an dieser Stelle bekommen wir nur die nackten Zahlen.

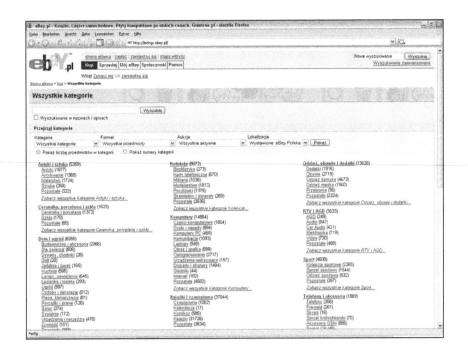

Kategorien aller eBay-Marktplätze weltweit

Wenn Sie bei der URL http://listings.ebay.de das Länderkürzel „de" gegen beispielsweise „com" austauschen, dann erhalten Sie die gleiche Übersicht für den eBay-Marktplatz der USA und können dort nachschauen, ob es Haupt- und Nebenkategorien für Ihr Sortiment gibt. Es kann ja sein, dass Sie bestimmte Produkte haben, die hierzulande niemanden interessieren, aber in den USA reißenden Absatz finden. So können Sie über das Länderkürzel alle eBay-Marktplätze weltweit ansteuern und die dortigen Kategorien analysieren. Nur brauchen Sie dann schnell jemanden, der die jeweilige Sprache beherrscht. Deutsch, Englisch und Französisch kann man oft noch selbst. Aber nehmen wir eBay Polen, einen noch recht jungen und interessanten Markt. Dabei kommt rasch die Sprachbarriere ins Spiel, denn die Seiten sind natürlich in der Landessprache. Hier eine Tabelle mit den eBay-Landesseiten, auf denen diese Kategorienliste wie beschrieben zu finden ist:

URL	eBay Landesplattform
http://listings.ebay.com.au/	Australien
http://listings.befr.ebay.be/	Belgien (Französisch)
http://listings.benl.ebay.be/	Belgien (Niederländisch)
http://listings.ebay.com.cn/	China
http://listings.ebay.de	Deutschland
http://listings.ebay.co.uk	England
http://listings.ebay.fr	Frankreich
http://listings.ebay.com.hk	Hong-Kong
http://listings.ebay.ca	Indien
http://listings.ebay.ie	Irland
http://listings.ebay.it/	Italien
http://listings.ebay.ca	Kanada
http://listings.ebay.nl	Niederlande
http://listings.ebay.at/	Österreich
http://listings.ebay.pl	Polen
http://listings.ebay.ch/	Schweiz
http://listings.ebay.com.sg	Singapore
http://listings.ebay.es	Spanien
http://listings.tw.ebay.com/	Taiwan
http://listings.ebay.com	USA

Das Kategoriensystem wird permanent aktualisiert und gepflegt. Wenn bestimmte Kategorien nicht mehr funktionieren, weil sie zu wenig oder keine Artikellistungen haben, dann werden sie gelöscht oder geändert. Tauchen neue Marktbereiche und Nischen auf – beispielsweise weil ein neuer Trend sich etabliert – werden auch neue Kategorien erstellt. So verändert sich der Marktplatz fortwährend und passt sich den sich wandelnden Gegebenheiten an. Es lohnt sich deshalb, diese Betrachtungen immer wieder einmal zu wiederholen.

Antwort auf Frage 10: Es ist über die mit „listing.ebay" beginnende URL problemlos möglich, sich den Aufbau des Kategoriensystems einer eBay-Landesseite genau anzuschauen. So kann man ermitteln, ob es für die eigenen Produkte schon passende Haupt- und Unterkategorien und damit schon passende Marktbereiche oder –Nischen gibt.

Frage 11: Welcher Wochentag und welche Uhrzeit sind für das Auktionsende am günstigsten?

Diese Frage stellt sich primär für das eBay-Verkaufsformat „Auktion", denn die Käufer müssen vor allem dann am PC sitzen, wenn die Auktion endet, um gegen andere Bieter eine Chance zu haben. Wenn Sie einen Artikel ausschließlich als Festpreis anbieten, ist der Wochentag und die Uhrzeit weniger wichtig, sollte aber nicht gänzlich ignoriert werden. Es gibt Möchtegern-Experten in Sachen eBay, die immer auf den Sonntagabend als dem allerbesten Zeitpunkt für das Ende jeglicher Auktionen schwören. Aber das ist natürlich Unsinn! Es gibt Waren, die am Wochenende nicht an den Mann zu bringen sind, dafür aber Werktags sehr gut gehen. Baby- und Kinderartikel laufen sehr gut vormittags, weil da die Hausfrau und Mutter in Ruhe nach Kindersachen stöbern kann, denn die Kinder sind in der Schule oder dem Kindergarten und der Mann auf der Arbeit.

Nehmen wir ein negatives Beispiel zur Verdeutlichung. Sie verkaufen Fanartikel von Michael Schumacher. Da Sie selbst keine Formel 1-Übertragungen schauen und nicht in die TV-Zeitung gesehen haben, legen Sie das Ende der Auktion genau in den Zeitraum, in dem ein Formel 1-Rennen am Sonntag im Fernsehen läuft. Die Fans, die normalerweise auf Ihre Fanartikel bieten würden, sitzen alle vor der Glotze und Ihre Ware geht wenn überhaupt nur zu Dumpingpreisen weg.

Auch auf diese Frage können wir mit Hilfe der Tools eine Antwort bekommen. Hier empfiehlt sich die Nutzung von Baywotch, denn gerade bei dieser Fragestellung ist Baywotch der eBay Marktanalyse überlegen. Wie geht man vor. Zunächst sollten Sie von dem Artikel, den Sie diesbezüglich checken wollen, über mehrere Tage oder besser Wochen, Angebote per Baywotch suchen und in der lokalen Datenbank ablegen.

Verkaufserfolg für Wochentag und Uhrzeit

Nachdem Sie dann alle Artikel, die Sie in der Liste für die Analyse heranziehen wollen, markiert haben, klicken Sie oben in der Kopfleiste auf das kleine Statistiksymbol. Damit wird die statistische Auswertung aufgerufen. Rechts sehen Sie die Übersichtsliste der verfügbaren Ergebnisse. Klicken Sie dort auf den Eintrag „Wochentag und Verkaufserfolg". Damit gelangen Sie zu den gewünschten Ergebnissen.

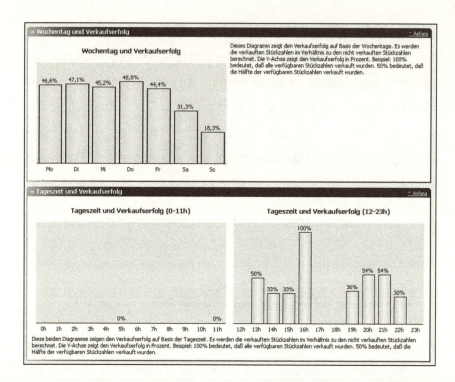

Wochentag und Verkaufserfolg

Dieses Diagramm zeigt den Verkaufserfolg auf Basis der Wochentage. Es werden die verkauften Stückzahlen im Verhältnis zu den nicht verkauften Stückzahlen berechnet. Die Y-Achse zeigt den Verkaufserfolg in Prozent. Beispiel: 100% bedeutet, daß alle verfügbaren Stückzahlen verkauft wurden. 50% bedeutet, daß die Hälfte der verfügbaren Stückzahlen verkauft wurden.

46,6% 47,1% 45,2% 48,8% 44,4% 31,3% 18,3%

Mo Di Mi Do Fr Sa So

Tageszeit und Verkaufserfolg (0-11h)

Tageszeit und Verkaufserfolg (12-23h)

100% 50% 33% 33% 36% 54% 54% 30%

0%   0%

0h 1h 2h 3h 4h 5h 6h 7h 8h 9h 10h 11h   12h 13h 14h 15h 16h 17h 18h 19h 20h 21h 22h 23h

Diese beiden Diagramme zeigen den Verkaufserfolg auf Basis der Tageszeit. Es werden die verkauften Stückzahlen im Verhältnis zu den nicht verkauften Stückzahlen berechnet. Die Y-Achse zeigt den Verkaufserfolg in Prozent. Beispiel: 100% bedeutet, daß alle verfügbaren Stückzahlen verkauft wurden. 50% bedeutet, daß die Hälfte der verfügbaren Stückzahlen verkauft wurden.

Wie Sie in der Grafik sehen, wird der Verkaufserfolg als Prozentwert angezeigt, der sich aus der Gegenüberstellung von verkauften und nicht verkauften Artikeln ergibt. An den Werktagen verzeichnet der untersuchte Artikel eine Erfolgsquote von im Durchschnitt 45 %. Samstags und vor allem sonntags bricht der Wert ein. Es handelt sich also um eine Ware, die viel eher werktags als an Wochenenden gut verkauft wird. Unter der Grafik für *„Wochentag und Verkaufserfolg"* finden wir auch die Angaben für *„Tageszeit und Verkaufserfolg"*. Die beste Performance hat dieses Produkt in der Stunde zwischen 15 und 16 Uhr. Auch die Mittagszeit und abends zwischen 20 und 22 Uhr scheinen gute Zeiten zu sein. Mit einem Angebotsende am Vormittag wurde das Produkt wohl gar nicht angeboten, da hier keinerlei Werte zu sehen sind. Auch bei 17 und 18 Uhr ist kein „Ausschlag" zu sehen, was dafür spricht, dass in dieser Zeit keine Angebote endeten. Baywotch zeigt neben dem Verkaufserfolg aber auch die gesamte Verteilung bezüglich Tag und Uhrzeit an.

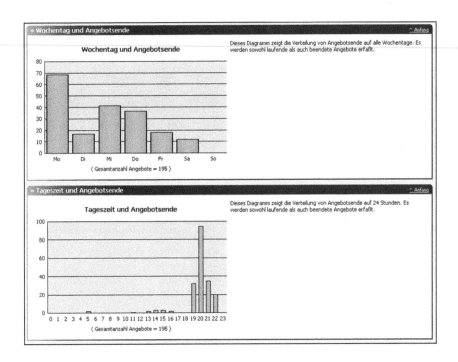

Hier sehen Sie, wie viele Angebote an welchem Wochentag und zu welcher Uhrzeit enden. Es handelt sich also um die tatsächliche Anzahl. Diese kann man zu den zuvor besprochenen Erfolgszahlen in Beziehung setzen. So sieht man, dass wie vorhin vermutet, zwischen 17 und 19 Uhr tatsächlich keine Angebote platziert waren. Die meisten Offerten waren bezüglich ihres Endes auf den Zeitraum um 20 Uhr gelegt. Die Erfolgsauswertung zeigte 16 Uhr als „Bestwert" an. Hier sehen wir, dass um diese Zeit herum tatsächlich sehr wenige Angebote endeten. Natürlich können Sie diese Analysen durch das Setzen des Filters „*Verkäufer*" auch für einzelne Konkurrenten machen, um zu sehen, wann deren Spitzenzeiten sind.

Auswirkung von Wochentag und Uhrzeit auf den Preis

Damit nicht genug! Baywotch informiert auch über die Preisgestaltung in Sachen Wochentag und Tageszeit. Hier wird der ermittelte Durchschnittspreis herangezogen und durch den Wert „100%" repräsentiert. Die Grafik gibt dann an, wie weit der Preis für den Tag oder die Uhrzeit nach oben oder unten abweicht. Schauen wir uns diese Grafik an.

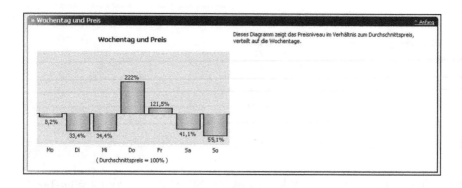

Wie Sie sehen, bringt vor allem der Donnerstag Preise, die deutlich über dem Durchschnitt liegen, Nur der Freitag schlägt noch ins positive aus. Montag, Dienstag und Mittwoch ziehen den Preis unter den gesamten Durchschnittserlös. Der Samstag und erst recht der Sonntag erweisen sich quasi als Preiskiller. Die gleiche Auswertung steht natürlich auch für die Uhrzeit zur Verfügung. Hier zeigt nur die Zeit um 20 Uhr erfreuliche Tendenzen.

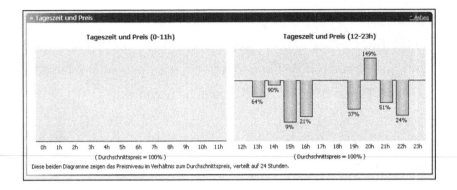

Aber es gibt noch einen weiteren „Zeitfaktor" bei Angeboten auf eBay: Die Laufzeit! Sie können bekanntlich zwischen einem und zehn Tagen wählen. Auch hier bietet Baywotch eine Analyse namens „Laufzeit und Preis" an.

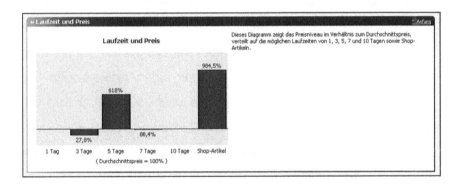

Hier sehen Sie nicht nur die nutzbaren Laufzeiten, sondern auch noch das Angebotsformat „Shop-Artikel" als Vergleich. Als Basis dient wieder der Durchschnittspreis. Eine Laufzeit von 5 Tagen brachte hier die beste Performance, denn bei 5 Tagen liegt das Preisniveau 618 % über dem Durchschnitt. 100% über Durchschnitt wäre also der doppelte Durchschnittspreis. Sie sehen, die Laufzeit von 5 Tagen scheint sich hier im wahrsten Sinne des

Wortes bezahlt zu machen. Geschlagen nur noch vom Verkaufs-format Shop-Artikel mit 984,5 %. Allerdings müssen Sie hier dann auch immer in Beziehung setzen, wie viele Artikel tatsäch-lich mit 5 Tagen oder als Shop-Artikel gelaufen sind.

Was heißt das? Nehmen wir an, Sie haben 10 Artikel verkauft und nur einer davon lief mit fünf Tagen. Dieser hat aber durch einen reinen Zufall eine riesige Bieter-Ralley ausgelöst. Mehrere Bieter haben sich gegenseitig hochgeschaukelt und am Schluss viel mehr geboten, als der Artikel tatsächlich wert ist. Dann hat einer von 10 Artikeln einen irrsinnig hohen Preis gebracht, wäh-rend die anderen den normalen zu erwartenden Durchschnitt erlöst haben. Sie dürfen diese Zahlen, wie auch alle anderen Ergebnisse, also nicht isoliert betrachten, sondern immer auf Basis des gesamten Zahlenwerkes. Und Sie sollten die nackten Zahlen auch nicht losgelöst vom Inhalt eines Artikels, den Sie analysieren, betrachten. Eine handelsübliche Film-DVD wird im-mer in einer bestimmten durchschnittlichen Preisregion landen, selbst wenn eine Bieter-Ralley dafür gesorgt hat, dass sich in der Statistik einmal ein Preisausbrecher nach oben niederschlägt.

Antwort auf Frage 11: Wie Sie sehen, kann man mit Baywotch recht gut und detailliert ermitteln, welche Wochentage und wel-che Uhrzeiten für einen Artikel gut funktionieren und auch, wel-che Laufzeit für das Angebot Sinn macht.

Teil 3: Denkanstöße für die strategische Planung

Hier, im letzten Teil, wollen wir uns noch ein wenig mit dem Thema der strategischen Planung für den gewerblichen Verkauf beschäftigen. Um es vorwegzunehmen, hier kann weder ein universell gültiges Patentrezept noch die „Mutter aller Strategien" vorgestellt werden. Durch die Größe und Vielfalt des Marktplatzes eBay gibt es auch zahlreiche unterschiedliche Strategien und Lösungsmöglichkeiten. Daher soll dieses Kapitel einige Denkanstöße und grundsätzliche Elemente vermitteln. Ihre eigene Strategie können Sie vor allem aufgrund der Fakten und Informationen, die Ihnen die Markterforschung liefert, aufstellen. Auch kann dieses Kapitel kein betriebswirtschaftliches Know-how vermitteln, denn solches Wissen gliedert sich in unzählige Bereiche und Teildisziplinen und füllt Studiengänge an Universitäten.

Die „Preisfrage" - wie Sie Ihre Marge ermitteln

In Frage 1 hatten wir ja ermittelt, welchen durchschnittlichen Erlös ein Artikel auf eBay erbringt. Aber Sie müssen als gewerblicher Verkäufer ja auch einen Erlös „dagegensetzen", den Sie mit dem Verkauf eines Artikels mindestens erzielen müssen, damit sich der Handel mit dieser Ware lohnt und bei dessen „Nichterreichen" Sie entscheiden, mit diesem Artikel nicht bei eBay einzusteigen. Es wäre falsch, diesen Mindesterlös „Pi mal Daumen" als grobe Schätzung festzulegen. Sie müssen diesen Erlös berechnen. Das ist vom Grundsatz her nicht all zu schwer. Stellen Sie sich einfach die Frage, was der Erlös „tun soll"! Der Erlös, den Sie pro verkauften Artikel erzielen, soll 1. die Kosten, die er verursacht, einspielen und 2. noch dazu einen Gewinn einbringen.

Einkaufspreise sind nicht die einzigen Kosten!

Stopp! Denken Sie jetzt nicht zu einfach: „Einkaufspreis + x% Gewinn = gewünschter Erlös"! Sicher, der Einkaufspreis eines Artikels sind Kosten, die er verursacht. Aber Sie müssen noch weitere Kosten berücksichtigen. Da wir hier nicht wirklich in die betriebswirtschaftliche Kalkulation einsteigen können, möchte ich hier nur einige simple Beispiele von Kosten nennen, die anfallen. Nicht nur der Einkaufspreis des Artikels schlägt auf der Kostenseite zu Buche. Der Artikel liegt ja bis zum Versand in einem Lager, das Sie vielleicht mieten. Selbst wenn Sie eigene Räume nutzen, sollten Sie hier Kosten berücksichtigen. Denn ob gemietet oder Eigentum, ein Lager braucht Regale, muss beleuchtet und beheizt werden. Dann haben Sie vielleicht eine Lagerverwaltungs- oder Warenwirtschaftssoftware, mit der Sie den Artikel verwalten.

Aber auch allgemeine Kosten, die nicht direkt von dem Artikel ausgelöst werden, fallen im Betrieb an. Da sind Büroräume, PCs, Strom, Wasser, Gewerbesteuer und andere Abgaben und vieles mehr. Der Betrieb muss diese Kosten durch seine Tätigkeit erwirtschaften und dann „oben drauf" noch Gewinn erzielen. Mit anderen Worten, Sie müssen einen „Betriebskostenanteil" ermitteln, den Sie prozentual auf den Einkaufspreis der Ware aufschlagen. Und auf das Ergebnis schlagen Sie dann noch mal prozentual Ihre Gewinnmarge drauf, die Sie erzielen möchten. So ermitteln Sie den Erlös, den der Artikel bringen muss und der vom Durchschnittserlös, den der Artikel auf eBay bringt, nicht unterschritten werden darf. Hier eine Beispielrechnung:

Direkte Kosten	Einkaufspreis	100,00 €
	Lieferkosten (Fracht)	10,00 €
Indirekte Kosten	Betriebskostenzuschlag 40%	44,00 €
Zwischensumme		154,00 €
Gewinn	Gewinnaufschlag 20 %	30,80 €
Mindesterlös		184,80 €

Diese Rechnung ist ein stark vereinfachtes Beispiel. Sie sehen, dass der Artikel zunächst 154,00 € an Kosten einbringen muss, damit der Verkauf unterm Strich „auf Null aufgeht". Darauf kommt dann die gewünschte Gewinnmarge. In unserem Beispiel bleiben 30,80 € als Gewinn übrig. Der Artikel muss also mindestens 184,80 € einbringen, damit sich der Verkauf lohnt. Wie gesagt, dieses sehr grobe Beispiel dient nur als Denkanstoß, denn solche Berechnungen sind in der Regel umfangreicher und komplexer. Die Kosten lassen sich betriebswirtschaftlich ermitteln.

Nicht zu gierig beim Gewinnaufschlag

Den Gewinnaufschlag zu bestimmen ist etwas schwieriger. Jeder Unternehmer möchte hier am liebsten so viel wie möglich erzielen. Doch einen utopischen „Maximal-Aufschlag" anzusetzen, würde den Erlös in eine Höhe treiben, der den Artikel unverkaufbar macht, denn da ist ja noch der Durchschnittserlös, den man bei eBay ermittelt. Aus diesem Grund ist auch hier ein Mindestansatz sinnvoll, also ein Aufschlag „unter dem man es nicht macht"!

Der Durchschnittserlös, den Sie für einen Artikel bei eBay ermitteln, sollte möglichst spürbar über dem Mindesterlös liegen. Liegen der von Ihnen bestimmte Mindesterlös und der auf eBay ermittelte Durchschnittserlös zu eng beieinander, dann tut es schnell weh, wenn der Durchschnittserlös einmal sinkt. Wenn das geschieht, zahlen Sie zwar noch nicht drauf, aber Ihre Marge schrumpft unter den Betrag, den Sie mindestens verdienen wollten. Und das Problem wächst, je utopischer Ihre Vorstellungen von einem Gewinnaufschlag und damit der errechnete Mindesterlös sind.

TIPP: Risikoaufschlag einbauen!

Wie auf jedem anderen Markt auch, hat man auch auf eBay niemals die Garantie für dauerhaft stabile Preise. Daher sollten Sie überlegen, ob Sie auf Ihren sinnvoll festgelegten Gewinnaufschlag noch mal einen „Risikoaufschlag" von vielleicht 5% oder 10% draufrechnen, damit Preisschwankungen oder kurzfristig Einbrüche der Absatzmenge in ihrem Mindesterlös abgedeckt sind. Das empfiehlt sich vor allem dann, wenn die Marktforschung zeigt, dass der Durchschnittserlös oder die Absatzmenge tatsächlich instabil sind und beispielsweise saisonal, trendbedingt oder auch völlig unberechenbar schwanken.

In Sachen Gewinnaufschlag vermag ich Ihnen keine „universelle Prozentzahl" oder die ideale Rechenformel zu liefern. Realisierbare Margen hängen sehr stark vom Marktsegment ab, in dem Sie handeln. Es gibt Waren, bei denen man 100% und mehr Aufschlag locker realisieren kann. Aber genauso gibt es auch Produktbereiche, in denen 20% oder 30% das höchste der Gefühle sind und man vor allem über die abverkaufte Masse sein Geld macht. In der Gastronomie, ein für eBay zugegebenermaßen eher unpassendes Beispiel, wird vor allem am Verkauf von Getränken verdient. So bringt der Verkauf einer Flasche Wein dem Restaurant in der Regel eine Marge von 200% und mehr. Die erzielbaren Margen ermittelt man eher mit Erfahrungen und Recherchen.

Die Masse macht's – Vergessen Sie nicht die Absatzmenge!

Anfänger machen oft den Fehler, dass Sie nur die eben beschriebene Kalkulation des Mindesterlöses durchführen und dann munter drauf los handeln. Der Anfänger erkennt, dass der Durchschnittserlös deutlich und langfristig über dem errechneten Mindesterlös liegt. Der Großhändler bietet zudem noch attraktivere Einkaufspreise bei der Abnahme größerer Mengen. Das Lager wird voll geknallt und nach kurzer Zeit ist die Katastrophe da. Wie das? Ganz einfach: Es wurde hier nicht berücksichtigt, wie viel Ware der Markt beispielsweise pro Monat abnimmt. Wenn man 1000 Artikel kauft, aber pro Monat nur 5 Artikel verkauft werden, dann geht das Ganze trotz stimmigem Verhältnis von Mindesterlös zu Durchschnittserlös gründlich schief. Der Großhändler will beispielsweise nach einem Zahlungsziel von vier Wochen die abgenommene Menge von 1000 Artikel bezahlt haben. Aber in den vier Wochen wurden nur 5 Artikel verkauft. Wenn man dann keine „kompensationstauglichen" Erlöse aus dem Verkauf anderer Waren hat, vielleicht weil man als Anfänger bisher nur sehr wenige Artikel im Sortiment hat, dann bricht die so selbst verursachte Kostenexplosion dem Anfänger das Genick.

Prüfen Sie, wie viel Ware der Markt abnimmt

Daher ist es bei der strategischen Planung immer sehr wichtig, im Rahmen der Marktforschung auch abzuprüfen, wie viel Ware der Markt auch tatsächlich abnimmt. Nur so kann man seine Einkaufsmengen richtig planen. Das Verhältnis zwischen der Menge, die man am Markt in einer Zeiteinheit losschlagen kann und der Menge die man in diesem Zeitraum einkauft (und bezahlen muss), muss ebenso stimmen, wie das im letzten Abschnitt beschriebene Verhältnis zwischen dem nötigen Mindesterlös und dem erzielbarem Durchschnittserlös.

TIPP: **Saisoneffekte berücksichtigen!**

Natürlich sollten Sie bei der Einkaufsplanung auch Saisoneffekte berücksichtigen. Im Winter lassen sich Wintersportartikel natürlich deutlich besser verkaufen, als im Sommer. Dafür bekommt man im Sommer vielleicht Restposten beim Großhändler zu günstigen Preisen. Aber sind diese in dem mode- und trendabhängigen Wintersport-Markt dann in der nächsten Saison noch gut zu verkaufen? Die Marktforschung liefert die Möglichkeiten, festzustellen, wie sich Saisoneffekte in den Zahlen nieder schlagen.

Wie alle anderen Faktoren, sollten Sie mit den vorgestellten Methoden der Marktforschung auch immer wieder prüfen, ob sich diese Marktkapazitäten ändern. Nimmt der Markt auf einmal mehr Ware ab, weil der Artikel vielleicht in Mode kommt und daher stärker nachgefragt wird? Oder sinkt die Menge und tut sie das saisonal und kurzfristig, oder zeichnet sich in den Zahlen vielleicht ab, dass der Artikel am Markt langsam stirbt? Kaum ein Artikel lässt sich für immer und ewig verkaufen. Es gibt fast immer einen Produktlebenszyklus und der endet eines Tages, vielleicht weil ein neueres besseres Modell erschienen ist, oder weil der Artikel einfach nicht mehr gefragt ist. Nehmen wir Produkte, die einen kurzen Hype erfahren und dann in der Versenkung verschwinden. Ein schönes Beispiel ist das „Tamagochi", jenes nervtötende Plastik-Ei mit einer Art virtuellen Lebensform, die man behüten und verhätscheln sollte. Eine kurze Zeit lang verbreitete sich dieses Spielzeug wie eine Seuche. Heute spricht kein Mensch mehr davon.

Konkurrenz: Kooperation statt Krieg

„Konkurrenz belebt das Geschäft!" oder „Viele Köche verderben den Brei!" Beide Sprüche zeigen Möglichkeiten auf, wie man mit Konkurrenz auf eBay umgehen kann. Als Händler ist man mit Produkten auf eBay nie alleine. Und wenn man der erste mit einem neuen Produkt am Markt ist, werden die Wettbewerber selten lange auf sich warten lassen, sondern schon bald mit dem gleichen oder einem vergleichbaren Produkt auf den Markt drängen.

Vom ungesunden Konkurrenzkampf ...

Nicht selten nimmt der Konkurrenzkampf auf eBay bizarre Züge an. Damit meine ich nicht, dass sich die Konkurrenten mit Preisschlachten so lange zu unterbieten versuchen, bis die Preise völlig kaputt sind und keiner mehr etwas an dem Produkt verdient. Auch das ist natürlich alles andere als gesund, aber eher noch ein normaler marktwirtschaftlicher Auslese-Vorgang. Diesen überlebt der mit dem längeren Atem und den besseren Reserven, um die Zeit der magersüchtigen Erlöse zu überdauern.

Ich habe hier eher die schmutzigen Grabenkriege im Kopf, die sich für den normalen Kunden oft unsichtbar im Hintergrund abspielen. Da werden Abmahnung und Anwälte auf die Konkurrenz gehetzt. Oder es wird mit Fake-Accounts beim Konkurrenten zum Schein Ware gekauft, nur um Minuten nach dem Kauf negative Bewertungen abzuschießen, um das Bewertungsprofil des anderen zu vermiesen. Oder mit den Fake-Accounts werden die Auktionen in Schwindel erregende Höhe getrieben, um die Ware für echte Kunden unattraktiv zu machen.

... bis zu destruktive Grabenkriegen

Geschäftsleute, die ihre Energie eigentlich in den erfolgreichen Handel mit Ware investieren sollten, verballern Ihre Zeit und Arbeitskraft mit solchen „Kampfhandlungen", entweder weil Sie als der irrationale „Angreifer" immer neue Attacken reiten, oder weil Sie sich als der Angegriffene gegen diese Methoden wehren müssen, um keinen Schaden zu nehmen. Diese Art Kriegsführung ist eigentlich völlig idiotisch, wie Sie mir sicher zustimmen werden, aber leider kommt es vor. Oft passiert das in Marktbereichen, in denen die Gewinnmargen sehr niedrig sind und in denen die Zahl der Verkäufer so groß ist, dass von dem Kuchen nicht genug übrig bleibt, damit alle satt werden.

Ob der „normale Preiskampf" ausgefochten wird, oder diese hirnrissigen Schlachten mit unlauteren Mitteln ausgetragen werden, im Prinzip sind immer beide Seiten die Verlierer. Dort wo der Preiskampf durch gegenseitiges Unterbieten losgetreten wird, gehen die Preise kaputt. Den Kunden freut es, denn er hat beim Einkauf Dumpingpreise. Der Handel – auch die, die nicht mitkämpfen – verliert immer mehr Marge und zum Schluss verdient niemand mehr an dem umkämpften Artikel. Die Grabenkrieger investieren nicht selten mehr „Manpower" in die Angriffe oder deren Abwehr, sodass das Geschäft zu kurz kommt und der unternehmerische Erfolg darunter leidet. Wird der unfair agierende „Aggressor" juristisch zur Rechenschaft gezogen, kann ein Kampf mit unlauteren Mitteln zu Strafverfolgung und Schadensersatzansprüchen führen.

Friedliche Koexistenz ist möglich

Es gibt auch andere Möglichkeiten, mit dem Wettbewerb umzugehen. Zunächst kann man durchaus miteinander leben. Oft ist der Markt groß genug oder bietet genug Nischen, sodass Konkurrenten nebeneinander koexistieren können und dennoch genug verdienen und gute Geschäfte machen. Sicher, ein Monopol ist eine feine Sache, aber ein gesundes Oligopol (einige wenige Anbieter teilen sich den Markt) bietet den Wettbewerbern genug Verdienstmöglichkeiten. Zudem haben zwei Verkäufer in den seltensten Fällen ein 100% identisches Sortiment, es sei denn beide verkaufen nur einen einzigen identischen Artikel. In einer Oligopol-Situation wäre die oben beschriebene Preisschlacht mit gegenseitigem Unterbieten noch möglich. Aber man kann auch versuchen „friedlich" zu koexistieren und stabile Preise zu halten. Interessanter wird es erst, wenn sehr viele Verkäufer auf dem Markt agieren. Ist genug Nachfrage da, dann spricht man auch von einem Polypol. Die Anzahl der Verkäufer ist hier derart groß, dass der Mechanismus des Preis tötenden Unterbietens nicht mehr greift, weil zu viele Anbieter vorhanden sind, sodass nur wenige den Fehler machen, sich auf den Preiskrieg einzulassen. Der Preis wird hier weitestgehend von den Käufern bestimmt, indem diese nur bereit sind, einen bestimmten Betrag zu zahlen und teurere Ware nicht abnehmen. Hier kann der Verkäufer im Prinzip nur noch über die Menge regulieren. Sprich, sorgt eine sinkende Nachfrage auf Kundenseite für Preise, die für den Verkäufer zu niedrig sind, kann er dazu übergehen, weniger Ware anzubieten. Machen das genug andere Verkäufer ähnlich, wird die Nachfrage knapper und die Kunden sind bei begehrten Produkten dann irgendwann eventuell bereit, wieder einen höheren Preis zu zahlen.

Warum nicht miteinander reden ...

Bei eBay haben wir sehr häufig das Oligopol. Es gibt also eine überschaubare Anzahl gewerblicher Händler und meist wissen die Konkurrenten auch, wer die jeweils anderen Marktteilnehmer sind. Da man sich mit den Mitteln der Marktforschung sowieso gegenseitig beobachtet und sich vielleicht auf Fachmessen oder bei anderen Gelegenheiten „über die Füße läuft", könnte man ja auch miteinander reden. So könnte man sich koordinieren und beispielsweise vereinbaren, dass man nicht einen Preiskrieg lostritt, sondern gemeinsam eine Preisstabilität anstrebt.

... und dann auch kooperieren

Aus dieser „kommunizierenden Koexistenz" könnte sogar eine Kooperation entstehen, von der alle profitieren. Es gibt bei eBay durchaus Power Seller, die das gleiche Marktsegment bedienen und dennoch Einkaufsgemeinschaften bilden, um gemeinsam bessere Einkaufspreise zu erzielen, als dies ein einzelner Händler für sich alleine erreichen könnte. Auch im Bereich Verpackung und Versand sind Kooperationen denkbar. Wenn man gemeinsam eine weitaus größere Paketmenge bei einem Versand-Dienstleister realisiert, als jeder alleine, profitieren alle von besseren Versandkonditionen. Beim letzteren Modell können auch gewerbliche Händler kooperieren, die in Sachen Sortiment gar nicht Konkurrenz zueinander stehen, sondern die in Sachen Standort eng beieinander liegen.

Man könnte noch sehr viel zu diesem Thema schreiben, aber auch das soll Ihnen in erster Linie als Denkanstoß für eigene Überlegungen dienen. Schließlich ist es für alle auch viel Nerven schonender und weniger aufwändig, wenn man koexistiert oder gar kooperiert, anstatt sich bis auf Messer zu bekämpfen.

eBay und der Rest der Welt!

Es ist im Teil 2 bei der Frage 9 „Gegen welche Preise muss ich außerhalb von eBay antreten" schon einmal angeklungen: Blicken Sie über den eBay-Tellerrand! Auch wenn eBay der weltweit größte Online-Markplatz ist, eBay ist nicht der einzige Vertriebskanal. Sowohl im Internet, als auch „offline" gibt es weitere gute Möglichkeiten, Waren erfolgreich und gewinnbringend und dennoch zu kostenseitig ähnlich günstigen Bedingungen an den Mann zu bringen. Abermals als Denkanstoß möchte ich hier einige wenige aufzählen.

Amazon „zShops"

Als gewerblicher Händler können Sie einen so genannten "zShop" innerhalb von Amazon eröffnen. Diese zShop Händler-Shops sind mit eBay-Shops vergleichbar. Der Kunde entdeckt Ihren zShop beim suchen und stöbern in den zShops-Angeboten. Ähnlich wie bei eBay bekommen Sie für Ihren zShop eine eigene URL, über die der Shop direkt erreichbar ist. Die URL ist wie folgt aufgebaut: http://www.amazon.de/shops/shopname.

Eine weitere Ähnlichkeit zu den eBay-Shops ist, dass Sie auch die zShops individuell gestalten können. Ein zShop kostet monatlich 44,85 € (Stand Sommer 2006). Nach dem Verkauf eines Artikels kassiert Amazon noch eine „Abschlussgebühr".

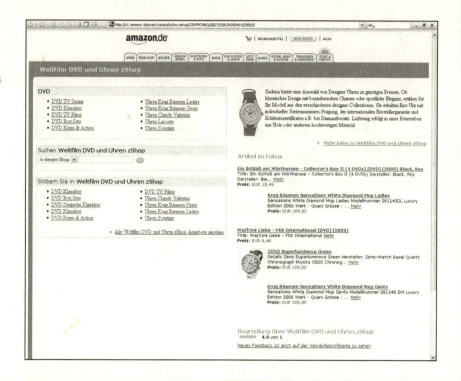

Aber Sie können bei Amazon in kleinerem Umfang auch ohne einen zShop Waren verkaufen. Zudem bietet Amazon ebenfalls ein Auktionsformat an. Die Listungsgebühren liegen bei lediglich 0,10 EUR und die anfallenden Verkaufsprovision, die Amazon bekommt, liegt bei 5% (Stand Sommer 2006). Der große Vorteil, Amazon kümmert sich um das Inkasso! Amazon treibt das Geld beim Kunden ein.

Der eigene Online-Shop

Eine weitere Möglichkeit bietet sich durch die Eröffnung eines eigenen Online-Shops. Es gibt durchaus auch kostengünstige Shop-Systeme, mit denen Sie Ihren eigenen Laden im Internet betreiben können. Mit „OSCommerce" (www.oscommerce.com) steht sogar ein kostenloses und dennoch leistungsstarkes Shopsystem zur Verfügung. Aber auch wenn das Shopsystem selbst billig oder kostenlos ist, die Einrichtung, Wartung und Pflege eines solchen Shops bringt Zeit-, Arbeits- und damit Kostenaufwand mit sich. Auch wenn Sie sich selbst darum kümmern, müssen Sie den kalkulatorischen Unternehmerlohn rechnen. Und gerade die kostenlosen Lösungen wie OSCommerce bedürfen umfangreicher Fachkenntnisse in Sachen Web- und Datenbankanwendung, um erfolgreich gepflegt werden zu können. Und ein Shop muss störungsfrei und effizient laufen, denn nur so verdient er Geld. Wenn Ihr Shop stunden- oder gar tagelang offline ist, weil Sie einen Fehler jagen, dann ist das kontraproduktiv.

Je umfangreicher, komplexer und größer dieser virtuelle Laden wird, umso wichtiger wird dann aber auch ein gutes Shopsystem, das auch eine exzellente Vernetzung mit Warenwirtschaft und Buchhaltung bieten muss. Als alternative zum selbst basteln und selbst administrieren bieten sich Mietshops bei Providern wie Strato, 1 & 1 etc. an, die mittlerweile recht leistungsfähig und bezahlbar sind.

Es gibt aber etwas, dass bei Online-Shops schwierig ist und aufwändig gelöst werden muss. eBay kennt jeder. Amazon auch. Aber Ihren Online-Shop wird gerade am Anfang niemand kennen. Sie müssen also intensiv und regelmäßig für diesen Shop werben, um Kunden auf den Shop aufmerksam zu machen und sie zum einkaufen zu motivieren. Das kostet vor allem Geld. Ob Bannerschaltungen oder Systeme wie Google AdWords, Sie haben hier regelmäßig anfallende Werbekosten. Daher ist es sehr schwierig, einen Shop als ersten und alleinigen Vertriebskanal zu etablieren und erfolgreich zu machen. Aber es ist sehr gut machbar, den Shop als zusätzlichen Vertriebskanal zu bereits existierenden und etablierten Vertriebswegen hochzuziehen. Mit Crossmarketing ziehen Sie Kunden aus einem Vertriebskanal in den neuen Shop.

Katalogversand

Welche Möglichkeiten, von zu Hause aus einzukaufen, hatten wir, bevor das Internet zu boomen begann? Die Überschrift hat es bereits verraten: Kataloge! Und siehe da, auch heute noch gibt es Katalogversandhäuser. Ob Generalisten wie Otto oder Spezialisten wie Conrad-Elektronik.

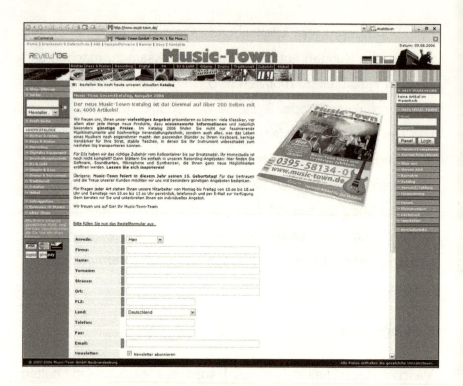

Auch der Katalogversandhandel kann ein weiterer Vertriebskanal sein, mit dem man vor allem die Kunden bedient, die dem Online-Shopping gegenüber misstrauisch eingestellt sind oder die keinen Webzugang haben. Und zudem können Sie auch hier die Vertriebskanäle sehr gut miteinander vernetzen. Der Katalogkunde kann nicht nur per Telefon oder fax bestellen, sondern auch online. Und der Besucher des Online-Shops findet die Option, sich den Katalog zusenden zu lassen.

Aber auch eine Vernetzung des Sortimentes ist gut machbar. Im Katalog haben Sie beispielsweise vor allem die dauerhaft vorhandenen Artikel, die langfristig zu stabilen Preisen vertrieben werden. Im Online-Shop oder auf eBay bieten Sie zusätzlich

Schnäppchen, Angebote oder Restposten an. Die Möglichkeiten der Vernetzung von Vertriebskanälen sind vielfältig! Der Katalog verursacht zwar Produktions- und Versandkosten, ist aber ein sehr gutes Mittel zur Stammkundenbindung. Kunden können gezielt nach Produkten im Katalog suchen, aber viele lieben es auch, in Ruhe darin zu schmökern. eBay, der eigene Online-Shop und ein Katalog ergeben einen guten Mix für eine Multichannel-Startegie.

Der eigene Laden

Der Vollständigkeit halber sei hier noch ganz kurz eine Möglichkeit erwähnt: Ein eigenes Geschäft. Das ist vielleicht ja schon vorhanden, für den Fall, dass Sie als etablierter Einzelhändler vor Ort eBay als neuen zusätzlichen Vertriebskanal entdeckt haben. Dann ist das Geschäft aber auch in der Regel gut eingeführt, allseits bekannt und hat vielleicht schon eine feste Stammkundschaft. Wenn Sie aber als eBay-Händler angefangen haben, dann wird ein Ladenlokal sicher der letzte Vertriebsweg sein, den Sie zu einer Multichannel-Startegie hinzunehmen, denn dieser Vertriebskanal ist der teuerste.

Ein eigener Laden verursacht hohe Kosten, denn das Ladenlokal muss gemietet, beheizt, beleuchtet und auch möbliert werden. Zudem entstehen Personalkosten, wenn Sie nicht ständig und alleine hinter der Kasse stehen wollen. Allerdings bietet sich die Möglichkeit, Online-Kunden über das Angebot der Selbstabholung auch in den Laden zu bringen.

Zu guter letzt!

Auf die elf Fragen haben wir mit Hilfe der statistischen Auswertung der eBay-Marktdaten über die eBay Marktanalyse und Baywotch konkrete Antworten gefunden. Antworten, die dabei helfen, zu entscheiden, welche Waren man mit welcher Strategie erfolgreich bei eBay verkaufen kann. Aber ich hoffe, dass Sie beim Lesen noch mehr gefunden haben! Zum einen das Praxiswissen, mit dem Sie diese eBay-spezifischen Marktforschungsmethoden ab jetzt selbst anwenden können, um Antworten auf Ihre Fragen zu bekommen. Dazu auch die Motivation, eigene Fragestellungen zu entwickeln und mit den vorgestellten Methoden zu bearbeiten.

Zum anderen hoffe ich aber auch, dass ich Ihnen die „Faszination eBay" einmal aus einer anderen Perspektive vermitteln konnte, als der des bloßen konsumorientierten Betrachters dieses riesigen Marktplatzes. Etliche schwarzmalerische Medien interessieren sich all zu oft nur für spektakuläre Betrugsfälle in Sachen eBay oder Kuriositäten. Eher selten liest, sieht oder hört man in solchen Publikationen und Sendungen Erfolgsstorys von Power Sellern, die eBay als Vertriebskanal nutzen, ja vielleicht durch Wachstum sogar neue Arbeitsplätze schaffen. Allenfalls in Computer-Zeitschriften findet man hilfreiche und konstruktive Beiträge. Gerne wird auch über eBay geschimpft. Argumente wie, „unsicher" und „zu teuer" sind zu hören. Aber schon die Beschäftigung mit dem Thema „Marktforschung in Sachen eBay" zeigt, wie faszinierend dieser globale Marktplatz sein kann. Die

Detailfülle der Informationen, die man aus dem transparenten Marktplatz ziehen kann, lässt sich kaum für andere Vertriebskanäle gewinnen. Ermitteln, welche Stückzahlen ein Wettbewerber verkauft und welchen Umsatz er damit macht, das gelingt nur bei eBay. Ich hoffe, ich konnte Ihnen etwas von dieser „speziellen" Faszination vermitteln.

Auf jeden Fall möchte ich Ihnen noch einmal ans Herz legen, Entscheidungen im Bereich des gewerblichen Verkaufes von Ware nicht dem Zufall zu überlassen, sondern auf einem „statistischen Fundament" aufzubauen, das Sie mit den hier im Buch vorgestellten Methoden gewinnen können. Die verschiedenen Analysen sollten Sie zudem regelmäßig durchführen, um Veränderungen auf dem Marktplatz eBay zu erkennen. Nur wer solche Veränderungen rechtzeitig erkennt, kann in Ruhe die richtigen Entscheidungen treffen und steht nicht unerwartet vor den negativen Konsequenzen falscher oder unterlassener Maßnahmen. Wer erfolgreich verkaufen will, muss den Markt und seine Spielregeln kennen. Das Buch hat gezeigt, wie Sie diesen Markt auf eBay detailliert analysieren und damit kennen lernen.

Wenn Sie Fragen und Anregungen haben, stehe Ich gerne zur Verfügung. Besuchen Sie meine Webseite unter www.lerg.de.

Viel Erfolg

Andreas Lerg

Glossar

Early Adaptor: So werden Käufer bezeichnet, die neue Produkte immer sehr früh haben und nutzen wollen. Dabei wird nicht all zu sehr auf den Preis geachtet, Hauptsache, man gehört zu den ersten, die z.B. ein bestimmtes neues Handy haben.

Fake-Accounts: Ein Fake-Account ist ein eBay-Mitgliedskonto, das unter Angabe falscher Adress- und Namensangaben eingerichtet wird, um unsaubere bis illegale Aktivitäten damit durchzuführen.

Google AdWords: Google AdWords ist eine Form der Internetwerbung auf der Suchmaschinenseite Google. Es handelt sich um kurze Text-Annoncen, die bei der Eingabe eines Suchwortes in einer Spalte rechts neben den Ergebnissen eingeblendet werden und thematisch exakt auf den Suchbegriff zugeschnitten sind.

Marge: Marge (Französisch für „Preisspanne", aber auch „Abstand" oder „Differenz") ist ein in der Betriebswirtschaftslehre gebräuchlicher Begriff. Im Handel wird damit die Differenz zwischen Einkaufs- und Verkaufspreis einer Ware bezeichnet.

Monopol: Bei einem Monopol gibt es nur einen einzigen Anbieter, der den Markt ohne Konkurrenz bedient.

Oligopol: Das Oligopol bezeichnet eine Marktform, bei der es zwar viele Nachfrager, aber nur wenige Anbieter gibt. Ein Oligopol mit genau zwei Anbietern heißt Duopol.

Polypol: Der Begriff Polypol bezeichnet eine Marktform, in der es auf beiden Marktseiten eine Vielzahl von Anbietern und Nachfragern für eine Ware gibt.

URL: Das ist der so genannte „Uniform Ressource Locator". Es ist nichts anderes als die Webadresse unter der eine Webseite direkt zu erreichen ist.

UVP: Die „Unverbindliche Preisempfehlung" ist der Verkaufspreis, den beispielsweise der Hersteller für den Verkauf eines Artikels vorschlägt. Unverbindlich bedeutet, dass der Händler sich nicht daran halten muss, also auch mehr oder weniger Geld verlangen kann. In der Regel wird der UVP vom tatsächlichen Preis - oft Straßenpreis genannt - unterschritten.

Schnellanleitung: Kaufen und Verkaufen mit eBay

Autor: Andreas Lerg

Broschiert: 160 Seiten

Verlag: Data Becker (Dezember 2003)

ISBN: 3815824338

Das große Buch: Professionell verkaufen über eBay

Autor: Andreas Lerg

Gebunden: 416 Seiten

Verlag: Data Becker (April 2004)

ISBN: 3815825342

Quick-Tipps XXL: eBay

Autor: Andreas Lerg, Karsten Kümmerlein

Paperback: 403 Seiten

Verlag: Data Becker (2003)

ISBN: 3815818095

Schnellanleitung: Werbemails loswerden & verhindern

Autor: Andreas Lerg

Broschiert: 160 Seiten

Verlag: Data Becker (2003)

ISBN: 3815824125

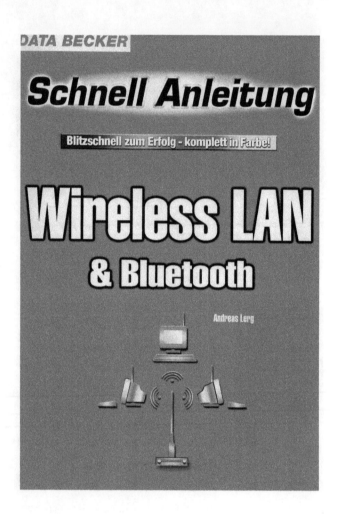

Schnellanleitung: Wireless LAN & Bluetooth

Autor: Andreas Lerg

Broschiert: 160 Seiten

Verlag: Data Becker (2002)

ISBN: 381582401X

Das große Buch
Buch

Wireless
LAN

WLAN & Bluetooth
Netzwerkaufbau
Internetanbindung
Administration
Sicherheit

Das große Buch: Wireless LAN

Autor: Andreas Lerg, Annette Stolz

Gebunden: 435 Seiten

Verlag: Data Becker (2002)

ISBN: 3815825008

Das große Buch: Internet- und Netzwerkrouter

Autor: Andreas Lerg, Julian Scheel

Gebunden: 336 Seiten

Verlag: Data Becker (2003)

ISBN: 3815825083

www.ingramcontent.com/pod-product-compliance
Lightning Source LLC
Chambersburg PA
CBHW031548080326
40690CB00054B/741